한자와 영어 어휘를 동시에 익히는

문해력 쑥쑥

어휘력

2

헤르몬하우스
HERMONHOUSE

우리 아이에게
"문해력쑥쑥"이
필요한 이유

입시에서 논술형과 서술형 평가가 강조되는 상황 속에서 우리 아이들에게 필요한 핵심 역량은 무엇일까요?

그것은 바로 '문해력'입니다.

문해력은 글을 읽고 이해하는 것에서 나아가 자신의 생각과 의견을 논리적으로 표현하는데 꼭 필요한 능력입니다. 이는 기본적인 어휘력을 바탕으로 이해력, 독해력, 사고력, 논리력 등을 모두 포함합니다.

특히, 우리 아이들이 공부를 어려워하는 이유 중 하나는 한자어로 이뤄진 '어휘' 때문인데요.

어휘를 익힐 때 한자의 기본적인 뜻을 알면, 쉽게 이해할 수 있습니다.

하지만 평소 한자의 뜻까지 생각하며 어휘를 익힐 기회가 없지요.

그래서 한자의 본래 뜻을 함께 익히는 방법을 고민한 끝에,

일상에서 자주 접하는 90개 소재를 바탕으로 이 책을 기획하게 되었습니다.

우리 아이에게
"문해력쑥쑥"이
특별한 이유

단순 한자어뿐만 아니라 관련 한자 성어를 함께 익히면

풍부한 어휘력과 표현력을 기를 수 있다고 생각했습니다.

그래서 이 책에서는 **한자어(360개)와 한자 성어(270개)**를 제시하고 있습니다.

또한, 한자 학습을 하면서 한글과 영어를 함께 익힐 수 있도록 구성했습니다.

고로 한자, 영어, 우리말을 동시에 배울 수 있는 1석 3조의 효과를 얻을 수 있습니다.

그리고 무엇보다 어휘 공부는 습관 형성이 중요하기에

1, 2, 3권 각각 30일동안 꾸준히 매일 학습할 수 있도록 구성했습니다.

하루에 딱 10분 정도만 투자해서 공부하는 습관을 만들고 이어가길 응원합니다.

이 책의 차례

이 책의 구성과 특징

① 개념 설명

유닛별 해당하는 개념을 간략히 소개하고, 당일 학습할 한자어와 한자 성어를 제시합니다.

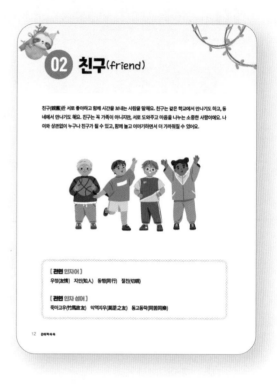

② 한자어 학습

1번은 한자어의 기본적인 음과 뜻을 살펴보며, 영어 단어와 뜻을 비교하는 문항입니다. 기본 뜻이 중복되거나 이해하기 어려운 경우 해당 어휘를 설명하는 뜻을 추가로 적어두었습니다. 2번은 두 개의 한자어가 만들어낸 새로운 한자어를 제시하며 이와 뜻이 같은 영어 단어를 맞히는 문항입니다.

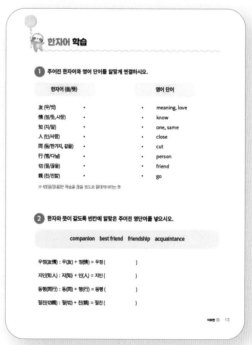

③ 한자 성어 학습

1번은 주어진 한자 성어와 영어(우리말) 설명을 확인하는 문항으로 구성하였습니다. 2번은 한자 성어의 뜻을 바탕으로 응용하여 제작된 새로운 문항으로 구성하였습니다.

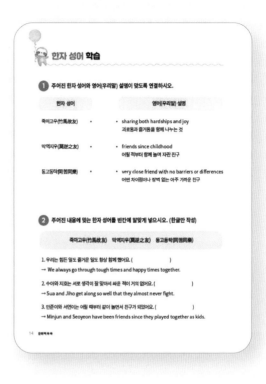

④ 정답

한자어와 한자 성어 해당 문항의 정답을 제시합니다.

이 책의 구성과 특징

⑤ 부록

한자어와 한자 성어의 사전에 있는 기본 뜻을 제시합니다. 모르는 한자어나 한자 성어가 있는 경우 활용합니다. 교재에 있는 문제를 풀기 전에 미리 한번 읽어보면 도움이 됩니다.

① 가족(Family)

부모(父母) : 아버지와 어머니를 아울러 이르는 말.
형제(兄弟) : 형과 아우를 아울러 이르는 말. 형제와 자매, 남매를 통틀어 이르는 말.
자매(姉妹) : 언니와 여동생 사이를 이르는 말.
자녀(子女) : 아들과 딸을 아울러 이르는 말.
가화만사성(家和萬事成) : 집안이 화목하면 모든 일이 잘됨.
부전자전(父傳子傳) : 아들의 성격이나 생활 습관 따위가 아버지로부터 대물림된 것처럼 같거나 비슷함.
가부장제(家父長制) : 가부장이 가족에 대한 지배권을 행사하는 가족 형태. 또는 그런 지배 형태.

② 친구(Friend)

우정(友情) : 친구 사이의 정.
지인(知人) : 아는 사람.
동행(同行) : 같이 길을 감.
절친(切親) : 더할 나위 없이 친한 친구.
죽마고우(竹馬故友) : 어릴 때부터 같이 놀며 자란 벗.
막역지우(莫逆之友) : 허물이 없이 아주 친한 친구.
동고동락(同苦同樂) : 괴로움도 즐거움도 함께함.

③ 인사(Greeting)

안녕(安寧) : 아무 탈 없이 편안함.
감사(感謝) : 고마움을 나타내는 인사.
환영(歡迎) : 오는 사람을 기쁜 마음으로 반갑게 맞음.
안부(安否) : 어떤 사람이 편안하게 잘 지내고 있는지 그렇지 아니한지에 대한 소식. 또는 인사로 그것을 전하거나 묻는 일.
감지덕지(感之德之) : 분에 넘치는 듯싶어 매우 고맙게 여기는 모양.
만사형통(萬事亨通) : 모든 것이 뜻대로 잘됨.
송구영신(送舊迎新) : 묵은해를 보내고 새해를 맞음.

31 감정(Emotion)

감정(感情)이란 우리가 느끼는 다양한 마음의 상태를 말해요. 감정은 기쁘거나 슬픈 순간에 자연스럽게 나타나요. 감정은 혼자 느낄 수도 있지만, 친구나 가족과 함께 시간을 보내면서 서로의 감정을 나눌 수 있어요. 기쁨, 슬픔, 화, 놀람 같은 감정은 누구나 느낄 수 있는 것이에요. 감정을 솔직하게 표현하면 마음이 가벼워지고, 다른 사람들과 더 가까워질 수 있어요. 감정은 우리의 마음을 더욱 풍부하고 따뜻하게 만들어주는 중요한 부분이에요.

[관련 한자어]
애정(愛情)　분노(憤怒)　우울(憂鬱)　후회(後悔)

[관련 한자 성어]
희노애락(喜怒哀樂)　일희일비(一喜一悲)　감개무량(感慨無量)

한자어 학습

1 주어진 한자어와 영어 단어를 알맞게 연결하시오.

한자어 (음/뜻)	영어 단어
愛 (애/사랑) •	• resent, angry
情 (정/뜻, 사랑) •	• love
憤 (분/분할, 화날) •	• concern, worry
怒 (노/성낼) •	• after
憂 (우/근심, 걱정) •	• regret
鬱 (울/답답할, 우울할) •	• meaning, love
後 (후/뒤) •	• stuffy, depressed
悔 (회/뉘우칠) •	• get angry

2 한자와 뜻이 같도록 빈칸에 알맞은 주어진 영단어를 넣으시오.

anger   love   depression   regret

애정(愛情) : 애(愛) + 정(情) = 애정 (　　　　　　　)

분노(憤怒) : 분(憤) + 노(怒) = 분노 (　　　　　　　)

우울(憂鬱) : 우(憂) + 울(鬱) = 우울 (　　　　　　　)

후회(後悔) : 후(後) + 회(悔) = 후회 (　　　　　　　)

한자 성어 학습

1 주어진 한자 성어와 영어(우리말) 설명이 맞도록 연결하시오.

한자 성어   영어(우리말) 설명

희노애락(喜怒哀樂)   •   • feeling deeply moved
                                            깊이 감동받은 느낌

일희일비(一喜一悲)   •   • emotions of joy, anger, sorrow, and happiness
                                            기쁨, 분노, 슬픔, 행복과 같은 감정들

감개무량(感慨無量)   •   • going between joy and sorrow
                                            기쁨과 슬픔이 오가는 것

2 주어진 내용에 맞는 한자 성어를 빈칸에 알맞게 넣으시오. (한글만 작성)

희노애락(喜怒哀樂)   일희일비(一喜一悲)   감개무량(感慨無量)

1. 민호는 좋아하는 게임에서 이기면 기뻐하고, 지면 속상해해요. (   )

→ Minho is happy when he wins his favorite game, but upset when he loses.

2. 선생님이 칭찬해 주셔서 마음이 뭉클했어요. (   )

→ I felt deeply moved when the teacher praised me.

3. 인생은 어떤 날은 기쁘고, 또 어떤 날은 슬픈 거예요. (   )

→ Life is about being happy on some days and sad on others.

한자어 정답

1

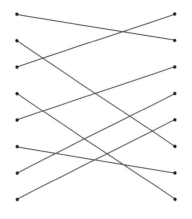

愛 (애/사랑) — love

情 (정/뜻, 사랑) — meaning, love

憤 (분/분할, 화날) — get angry

怒 (노/성낼) — resent, angry

憂 (우/근심, 걱정) — stuffy, depressed

鬱 (울/답답할, 우울할) — concern, worry

後 (후/뒤) — regret

悔 (회/뉘우칠) — after

2

애정(愛情) : 애(愛) + 정(情) = 애정 (love)

분노(憤怒) : 분(憤) + 노(怒) = 분노 (anger)

우울(憂鬱) : 우(憂) + 울(鬱) = 우울 (depression)

후회(後悔) : 후(後) + 회(悔) = 후회 (regret)

한자 성어 정답

1

희노애락(喜怒哀樂) — emotions of joy, anger, sorrow, and happiness
기쁨, 분노, 슬픔, 행복과 같은 감정들

일희일비(一喜一悲) — going between joy and sorrow
기쁨과 슬픔이 오가는 것

감개무량(感慨無量) — feeling deeply moved
깊이 감동받은 느낌

2 1. 일희일비   2. 감개무량   3. 희노애락

32 사랑(Love)

사랑(愛)이란 누군가를 깊이 아끼고 소중히 여기는 마음을 말해요. 사랑은 가족, 친구, 또는 특별한 사람에게 느낄 수 있어요. 사랑을 통해 우리는 서로를 돌보고, 기쁠 때나 슬플 때 함께하며, 힘이 되어줄 수 있어요. 사랑은 말이나 행동으로 표현할 수 있으며, 작은 배려와 따뜻한 말 한마디도 사랑의 표현이 될 수 있어요. 사랑은 우리의 마음을 따뜻하게 하고, 서로를 더 깊이 이해하게 도와줘요.

[관련 한자어]

애증(愛憎)   연애(戀愛)   사모(思慕)   동정(同情)

[관련 한자 성어]

다정다감(多情多感)   일편단심(一片丹心)   애지중지(愛之重之)

한자어 학습

1 주어진 한자어와 영어 단어를 알맞게 연결하시오.

한자어 (음/뜻)	영어 단어
愛 (애/사랑) •	• hate
憎 (증/미울) •	• thought
戀 (연/그리워할) •	• meaning, compassion
思 (사/생각) •	• one, same
慕 (모/그릴) •	• love
同 (동/한가지, 같을) •	• adore
情 (정/뜻, 인정) •	• miss

※ 그리다 : 사랑하는 마음으로 간절히 생각하다.

2 한자와 뜻이 같도록 빈칸에 알맞은 주어진 영단어를 넣으시오.

> romance   sympathy   love-hate   adoration

애증(愛憎) : 애(愛) + 증(憎) = 애증 (   )

연애(戀愛) : 연(戀) + 애(愛) = 연애 (   )

사모(思慕) : 사(思) + 모(慕) = 사모 (   )

동정(同情) : 동(同) + 정(情) = 동정 (   )

한자 성어 학습

1 주어진 한자 성어와 영어(우리말) 설명이 맞도록 연결하시오.

한자 성어	영어(우리말) 설명

다정다감(多情多感) •　　　　　• strong loyalty or devotion
　　　　　　　　　　　　　강한 충성과 헌신

일편단심(一片丹心) •　　　　　• cherishing with deep affection
　　　　　　　　　　　　　깊은 애정으로 소중히 여김

애지중지(愛之重之) •　　　　　• full of affection and emotions
　　　　　　　　　　　　　애정과 감정이 풍부한

2 주어진 내용에 맞는 한자 성어를 빈칸에 알맞게 넣으시오. (한글만 작성)

다정다감(多情多感)　　일편단심(一片丹心)　　애지중지(愛之重之)

1. 준호는 아끼는 장난감을 항상 소중히 다뤄요. (　　　　　　　　)

→ Junho always cherishes his favorite toy.

2. 지민이는 친구들에게도 따뜻하고 감정이 풍부해요. (　　　　　　　　)

→ Jimin is warm-hearted and full of emotions toward his friends.

3. 소라는 언제나 변함없이 한 가지 일만 생각해요. (　　　　　　　　)

→ Sora always stays loyal to one thing without change.

한자어 정답

1

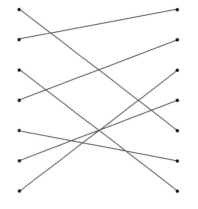

愛 (애/사랑) — love
憎 (증/미울) — hate
戀 (연/그리워할) — adore
思 (사/생각) — thought
慕 (모/그릴) — miss
同 (동/한가지, 같을) — one, same
情 (정/뜻, 인정) — meaning, compassion

2 애증(愛憎) : 애(愛) + 증(憎) = 애증 (love-hate)

연애(戀愛) : 연(戀) + 애(愛) = 연애 (romance)

사모(思慕) : 사(思) + 모(慕) = 사모 (adoration)

동정(同情) : 동(同) + 정(情) = 동정 (sympathy)

한자 성어 정답

1

다정다감(多情多感) — full of affection and emotions 애정과 감정이 풍부한

일편단심(一片丹心) — strong loyalty or devotion 강한 충성과 헌신

애지중지(愛之重之) — cherishing with deep affection 깊은 애정으로 소중히 여김

2 1. 애지중지   2. 다정다감   3. 일편단심

33 신뢰(Trust)

신뢰(信賴)란 누군가를 믿고 그 사람의 말이나 행동을 믿을 수 있다고 생각하는 마음을 말해요. 신뢰는 가족, 친구, 또는 동료와의 관계에서 중요해요. 신뢰를 통해 우리는 서로를 더 깊이 이해하고, 어려울 때 서로 도울 수 있어요. 신뢰는 작은 약속을 지키는 것에서부터 시작되고, 시간이 지나면서 점점 더 커져요. 신뢰가 있으면 더 강한 관계를 만들 수 있고, 서로를 더 잘 믿고 의지할 수 있게 돼요.

[관련 한자어]

신용(信用)   정직(正直)   불신(不信)   지속(持續)

[관련 한자 성어]

청렴결백(淸廉潔白)   붕우유신(朋友有信)   진실무위(眞實無僞)

한자어 학습

1 주어진 한자어와 영어 단어를 알맞게 연결하시오.

한자어 (음/뜻)	영어 단어
信 (신/믿을) •	• right
用 (용/쓸) •	• straight
正 (정/바를) •	• trust
直 (직/곧을) •	• have
不 (불/아닐) •	• continue
持 (지/가질) •	• use
續 (속/이을) •	• not

2 한자와 뜻이 같도록 빈칸에 알맞은 주어진 영단어를 넣으시오.

credit   distrust   honesty   continuity

신용(信用) : 신(信) + 용(用) = 신용 (   )

정직(正直) : 정(正) + 직(直) = 정직 (   )

불신(不信) : 불(不) + 신(信) = 불신 (   )

지속(持續) : 지(持) + 속(續) = 지속 (   )

한자 성어 학습

1 주어진 한자 성어와 영어(우리말) 설명이 맞도록 연결하시오.

한자 성어   영어(우리말) 설명

청렴결백(淸廉潔白)   •   • truthful without falsehood
                                 거짓 없이 진실한

붕우유신(朋友有信)   •   • honest and morally upright
                                 정직하고 올바른 도덕적 성품을 지닌

진실무의(眞實無僞)   •   • trust and loyalty between friends
                                 친구 사이의 신뢰와 충성

2 주어진 내용에 맞는 한자 성어를 빈칸에 알맞게 넣으시오. (한글만 작성)

청렴결백(淸廉潔白)   붕우유신(朋友有信)   진실무위(眞實無僞)

1. 준호는 항상 친구들과 약속을 잘 지켜요. (   )

→ Junho always keeps promises with his friends.

2. 은지는 거짓말하지 않고 진실만 말해요. (   )

→ Eunji always tells the truth without lying.

3. 나영이는 정직하고 진실하게 모든 일을 처리해요. (   )

→ Nayoung handles everything with honesty and integrity.

한자어 정답

①

信 (신/믿을)	right
用 (용/쓸)	straight
正 (정/바를)	trust
直 (직/곧을)	have
不 (불/아닐)	continue
持 (지/가질)	use
續 (속/이을)	not

② 신용(信用) : 신(信) + 용(用) = 신용 (credit)

정직(正直) : 정(正) + 직(直) = 정직 (honesty)

불신(不信) : 불(不) + 신(信) = 불신 (distrust)

지속(持續) : 지(持) + 속(續) = 지속 (continuity)

한자 성어 정답

①

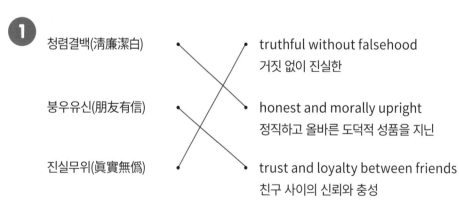

청렴결백(淸廉潔白)	truthful without falsehood 거짓 없이 진실한
붕우유신(朋友有信)	honest and morally upright 정직하고 올바른 도덕적 성품을 지닌
진실무위(眞實無僞)	trust and loyalty between friends 친구 사이의 신뢰와 충성

② 1. 붕우유신　　2. 진실무위　　3. 청렴결백

34 공감(Empathy)

공감(共感)이란 다른 사람의 감정이나 상황을 이해하고 함께 느끼는 마음을 말해요. 공감을 통해 우리는 다른 사람의 기쁨, 슬픔, 고통 등을 함께 느끼며, 그들에게 위로와 지지를 보낼 수 있어요. 공감은 친구, 가족, 또는 낯선 사람과의 관계에서 중요한 역할을 해요. 공감하면 상대방을 더 깊이 이해할 수 있고, 서로를 더 가까이 느낄 수 있어요. 공감은 다른 사람의 관점에서 생각하는 능력을 키워주고, 더 나은 관계를 만들어가는 데 큰 도움이 돼요.

[관련 한자어]

경청(傾聽)   소통(疏通)   교감(交感)   존중(尊重)

[관련 한자 성어]

역지사지(易地思之)   허심탄회(虛心坦懷)   이심전심(以心傳心)

한자어 학습

1 주어진 한자어와 영어 단어를 알맞게 연결하시오.

한자어 (음/뜻)	영어 단어

傾 (경/기울) •   • communicate

聽 (청/들을) •   • feel

疏 (소/소통할) •   • lean

通 (통/통할) •   • socialize, cross

交 (교/사귈, 교차할) •   • heavy

感 (감/느낄) •   • high, respect

尊 (존/높을, 공경할) •   • hear

重 (중/무거울) •   • pass

2 한자와 뜻이 같도록 빈칸에 알맞은 주어진 영단어를 넣으시오.

> communication   communion   listening   respect

경청(傾聽) : 경(傾) + 청(聽) = 경청 (　　　　　　　)

소통(疏通) : 소(疏) + 통(通) = 소통 (　　　　　　　)

교감(交感) : 교(交) + 감(感) = 교감 (　　　　　　　)

존중(尊重) : 존(尊) + 중(重) = 존중 (　　　　　　　)

한자성어 학습

1 주어진 한자성어와 영어(우리말) 설명이 맞도록 연결하시오.

한자 성어 · · · · · · · · · · · 영어(우리말) 설명

역지사지(易地思之) · · open and honest without hiding anything
숨기지 않고 솔직하고 정직한

허심탄회(虛心坦懷) · · putting oneself in someone else's shoes
다른 사람의 관점에서 생각함

이심전심(以心傳心) · · understanding each other without words
말없이도 마음이 통함

2 주어진 내용에 맞는 한자 성어를 빈칸에 알맞게 넣으시오. (한글만 작성)

역지사지(易地思之)   허심탄회(虛心坦懷)   이심전심(以心傳心)

1. 서준이는 친구와 말하지 않아도 서로의 마음을 잘 이해해요. (   )

→ Seojun and his friend understand each other without saying.

2. 유리는 친구와 숨김없이 정직한 대화를 했어요. (   )

→ Yuri had an honest conversation with her friend without hiding anything.

3. 현우는 다른 사람의 관점에서 생각하려고 노력해요. (   )

→ Hyunwoo tries to think from other people's perspectives.

한자어 정답

1

傾 (경/기울)   communicate

聽 (청/들을)   feel

疏 (소/소통할)   lean

通 (통/통할)   socialize, cross

交 (교/사귈, 교차할)   heavy

感 (감/느낄)   high, respect

尊 (존/높을, 공경할)   hear

重 (중/무거울)   pass

2

경청(傾聽) : 경(傾) + 청(聽) = 경청 (listening)

소통(疏通) : 소(疏) + 통(通) = 소통 (communication)

교감(交感) : 교(交) + 감(感) = 교감 (communion)

존중(尊重) : 존(尊) + 중(重) = 존중 (respect)

한자 성어 정답

1

역지사지(易地思之)   open and honest without hiding anything
숨기지 않고 솔직하고 정직한

허심탄회(虛心坦懷)   putting oneself in someone else's shoes
다른 사람의 관점에서 생각함

이심전심(以心傳心)   understanding each other without words
말없이도 마음이 통함

2   1. 이심전심   2. 허심탄회   3. 역지사지

35 약속(Promise)

약속(約束)이란 서로 한 가지 일을 하기로 미리 정하고 다짐하는 것을 말해요. 약속을 통해 우리는 친구나 가족, 또는 다른 사람들과 중요한 일을 정하고 그 일을 지키려고 노력해요. 약속은 작은 일일 수도 있고, 중요한 일일 수도 있어요. 약속을 지키면 서로 믿음이 쌓이고 관계가 더 깊어져요. 약속은 시간을 정하거나 무언가를 함께 하기로 하는 것처럼 가까운 곳에서 할 수도 있고, 나중에 할 일을 미리 정하는 등 다양한 형태로 할 수 있어요. 약속을 지키는 것은 서로에 대한 신뢰를 높이고, 좋은 관계를 만들어가는 데 큰 도움을 줘요.

[관련 한자어]

서약(誓約) 합의(合意) 보증(保證) 이행(履行)

[관련 한자 성어]

언행일치(言行一致) 백년가약(百年佳約) 금석맹약(金石盟約)

한자어 학습

1 주어진 한자어와 영어 단어를 알맞게 연결하시오.

한자어 (음/뜻)	영어 단어

誓 (서/맹세할)   •

約 (약/맺을, 약속)   •

合 (합/합할)   •

意 (의/뜻)   •

保 (보/지킬, 보증할)   •

證 (증/증거)   •

履 (이/밟을)   •

行 (행/다닐)   •

•   tie, promise

•   protect, guarantee

•   step on

•   go

•   vow

•   proof

•   combine

•   meaning

2 한자와 뜻이 같도록 빈칸에 알맞은 주어진 영단어를 넣으시오.

> pledge   agreement   fulfillment   guarantee

서약(誓約) : 서(誓) + 약(約) = 서약 (   )

합의(合意) : 합(合) + 의(意) = 합의 (   )

보증(保證) : 보(保) + 증(證) = 보증 (   )

이행(履行) : 이(履) + 행(行) = 이행 (   )

한자 성어 **학습**

1 주어진 한자 성어와 영어(우리말) 설명이 맞도록 연결하시오.

한자 성어	영어(우리말) 설명

언행일치(言行一致)　　•

금석맹약(金石盟約)　　•

•　a firm promise as strong as metal and stone
금속과 돌처럼 강하고 확고한 약속

백년가약(百年佳約)　　•

•　Actions match words.
말과 행동이 일치한다.

•　a lifelong vow or promise
평생을 함께하겠다는 맹세 또는 약속

2 주어진 내용에 맞는 한자 성어를 빈칸에 알맞게 넣으시오. (한글만 작성)

언행일치(言行一致)　　백년가약(百年佳約)　　금석맹약(金石盟約)

1. 민호와 도영이는 돌처럼 굳은 약속을 했어요. (　　　　　　)

→ Minho and Doyoung made a promise as strong as stone.

2. 예진이는 결혼식에서 평생을 함께하겠다고 약속했어요. (　　　　　　)

→ Yejin made a lifelong promise at her wedding.

3. 서준이는 항상 말한 대로 행동해요. (　　　　　　)

→ Seojun always acts the way he speaks.

한자어 정답

1

誓 (서/맹세할)   tie, promise

約 (약/맺을, 약속)   protect, guarantee

合 (합/합할)   step on

意 (의/뜻)   go

保 (보/지킬, 보증할)   vow

證 (증/증거)   proof

履 (이/밟을)   combine

行 (행/다닐)   meaning

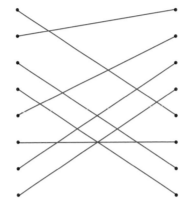

2

서약(誓約) : 서(誓) + 약(約) = 서약 (pledge)

합의(合意) : 합(合) + 의(意) = 합의 (agreement)

보증(保證) : 보(保) + 증(證) = 보증 (guarantee)

이행(履行) : 이(履) + 행(行) = 이행 (fulfillment)

한자 성어 정답

1

언행일치(言行一致)   a firm promise as strong as metal and stone
                                  금속과 돌처럼 강하고 확고한 약속

백년가약(百年佳約)   Actions match words.
                                  말과 행동이 일치한다.

금석맹약(金石盟約)   a lifelong vow or promise
                                  평생을 함께하겠다는 맹세 또는 약속

2   1. 금석맹약   2. 백년가약   3. 언행일치

36 사회 (Society)

사회(社會)란 여러 사람이 모여서 함께 살아가는 집단이나 공동체를 말해요. 사회 속에서 우리는 다양한 사람들과 만나고, 서로 도움을 주고받으며 살아가요. 사람들은 사회에서 법과 규칙을 지키고, 각자의 역할을 맡아 함께 협력해요. 사회는 학교, 직장, 가족처럼 가까운 곳에서도 이루어질 수 있고, 나라나 전 세계처럼 넓은 범위에서 연결될 수도 있어요. 사회를 통해 우리는 서로 다른 사람들을 이해하고, 협동하며 더 나은 미래를 만들어 갈 수 있어요.

[관련 한자어]

자유(自由) 평등(平等) 의무(義務) 권리(權利)

[관련 한자 성어]

세상만사(世上萬事) 내우외환(內愚外患) 공평무사(公平無私)

한자어 학습

1 주어진 한자어와 영어 단어를 알맞게 연결하시오.

한자어 (음/뜻)	영어 단어
自 (자/스스로) •	• come from
由 (유/말미암을) •	• right
平 (평/평평할) •	• group, grade
等 (등/무리, 등급) •	• power
義 (의/옳을) •	• self
務 (무/힘쓸) •	• beneficial
權 (권/권세) •	• strive
利 (리/이로울) •	• flat

2 한자와 뜻이 같도록 빈칸에 알맞은 주어진 영단어를 넣으시오.

> equality   right   freedom   duty

자유(自由) : 자(自) + 유(由) = 자유 (   )

평등(平等) : 평(平) + 등(等) = 평등 (   )

의무(義務) : 의(義) + 무(務) = 의무 (   )

권리(權利) : 권(權) + 리(利) = 권리 (   )

한자 성어 학습

1 주어진 한자 성어와 영어(우리말) 설명이 맞도록 연결하시오.

한자 성어	영어(우리말) 설명

세상만사(世上萬事) •

• all the events happening in the world
세상에 일어나는 모든 일들

내우외환(內愚外患) •

• fair and impartial
공정하고 사사로움이 없는

공평무사(公平無私) •

• internal issues and external threats
내부의 문제와 외부의 위협

2 주어진 내용에 맞는 한자 성어를 빈칸에 알맞게 넣으시오. (한글만 작성)

세상만사(世上萬事)　　내우외환(內愚外患)　　공평무사(公平無私)

1. 우리 반에서는 친구끼리 다투고 다른 반과의 경쟁도 심해요. (　　　　　　　)

→ In our class, friends argue and there's strong competition with other classes.

2. 선생님은 발표할 때 누구에게나 똑같이 기회를 주셨어요. (　　　　　　　)

→ The teacher gave everyone the same chance during presentations.

3. 세상에는 매일 여러 가지 일이 일어나요. (　　　　　　)

→ Many things happen in the world every day.

한자어 정답

1

自 (자/스스로)		come from
由 (유/말미암을)		right
平 (평/평평할)		group, grade
等 (등/무리, 등급)		power
義 (의/옳을)		self
務 (무/힘쓸)		beneficial
權 (권/권세)		strive
利 (리/이로울)		flat

自 (자/스스로) — self
由 (유/말미암을) — come from
平 (평/평평할) — flat
等 (등/무리, 등급) — group, grade
義 (의/옳을) — right
務 (무/힘쓸) — strive
權 (권/권세) — power
利 (리/이로울) — beneficial

2 자유(自由) : 자(自) + 유(由) = 자유 (freedom)

평등(平等) : 평(平) + 등(等) = 평등 (equality)

의무(義務) : 의(義) + 무(務) = 의무 (duty)

권리(權利) : 권(權) + 리(利) = 권리 (right)

한자 성어 정답

1

세상만사(世上萬事) ———— all the events happening in the world
세상에 일어나는 모든 일들

내우외환(內憂外患) — fair and impartial
공정하고 사사로움이 없는

공평무사(公平無私) — internal issues and external threats
내부의 문제와 외부의 위협

2 1. 내우외환　　2. 공평무사　　3. 세상만사

37 공동체(Community)

공동체(共同體)란 여러 사람이 함께 모여서 서로 돕고 의지하며 살아가는 집단을 말해요. 공동체는 같은 마을이나 학교처럼 가까운 곳에서 만나기도 하고, 취미나 관심사가 같은 사람들끼리 모이기도 해요. 공동체 안에서는 서로를 돕고, 어려운 일이 있을 때 함께 해결해 나가요. 꼭 가족이 아니어도 서로를 소중히 여기고 마음을 나눌 수 있어요. 누구나 공동체의 일원이 될 수 있고, 함께 지내면서 더 가까워질 수 있어요.

[관련 한자어]

공존(共存) 연대(連帶) 포용(包容) 상생(相生)

[관련 한자 성어]

애국애족(愛國愛族) 공존공영(共存共榮) 동고동락(同苦同樂)

한자어 학습

1 주어진 한자어와 영어 단어를 알맞게 연결하시오.

한자어 (음/뜻)	영어 단어

共 (공/함께) •   • be

存 (존/있을) •   • band

連 (연/잇닿을) •   • together

帶 (대/띠) •   • face, embrace

包 (포/쌀) •   • born

容 (용/얼굴, 받아들일) •   • adjoin

相 (상/서로) •   • mutual

生 (생/날) •   • wrap

※ 잇닿다 : 서로 이어져 맞닿다.

2 한자와 뜻이 같도록 빈칸에 알맞은 주어진 영단어를 넣으시오.

> embracement   mutual growth   coexistence   solidarity

공존(共存) : 공(共) + 존(存) = 공존 (   )

연대(連帶) : 연(連) + 대(帶) = 연대 (   )

포용(包容) : 포(包) + 용(容) = 포용 (   )

상생(相生) : 상(相) + 생(生) = 상생 (   )

한자 성어 학습

① 주어진 한자 성어와 영어(우리말) 설명이 맞도록 연결하시오.

한자 성어	영어(우리말) 설명

애국애족(愛國愛族) •

공존공영(共存共榮) •

동고동락(同苦同樂) •

• coexistence and mutual prosperity
함께 존재하고 서로 번영

• sharing both hardships and joys
고통과 즐거움을 함께 나눔

• love for one's country and people
나라와 민족에 대한 사랑

② 주어진 내용에 맞는 한자 성어를 빈칸에 알맞게 넣으시오. (한글만 작성)

애국애족(愛國愛族) 공존공영(共存共榮) 동고동락(同苦同樂)

1. 우리는 어려울 때도 즐거울 때도 항상 함께해요. (   )

→ We are always together in hard times and happy times.

2. 나라는 물론 우리 민족도 소중히 여겨야 해요. (   )

→ We must cherish not only our country but also our people.

3. 서로 도우면서 함께 발전해요. (   )

→ We help each other and grow together.

한자어 정답

1

共 (공/함께)   be
存 (존/있을)   band
連 (연/잇닿을)   together
帶 (대/띠)   face, embrace
包 (포/쌀)   born
容 (용/얼굴, 받아들일)   adjoin
相 (상/서로)   mutual
生 (생/날)   wrap

2

공존(共存) : 공(共) + 존(存) = 공존 (coexistence)

연대(連帶) : 연(連) + 대(帶) = 연대 (solidarity)

포용(包容) : 포(包) + 용(容) = 포용 (embracement)

상생(相生) : 상(相) + 생(生) = 상생 (mutual growth)

한자 성어 정답

1

애국애족(愛國愛族)   coexistence and mutual prosperity
                                     함께 존재하고 서로 번영

공존공영(共存共榮)   sharing both hardships and joys
                                     고통과 즐거움을 함께 나눔

동고동락(同苦同樂)   love for one's country and people
                                     나라와 민족에 대한 사랑

2   1. 동고동락   2. 애국애족   3. 공존공영

38 자유(Freedom)

자유(自由)란 스스로 선택에 따라 생각하고 행동할 수 있는 상태를 말해요. 자유를 통해 우리는 자신이 원하는 일을 하고, 자신의 의견을 표현할 수 있어요. 자유는 공부나 취미처럼 일상생활에서 작은 선택에서도 중요한 역할을 해요. 자유는 다른 사람의 권리를 존중하면서 누려야 하며, 책임감도 함께 따라요. 가까운 곳에서 자유롭게 친구들과 놀거나 새로운 경험을 위해 멀리 떠나는 것처럼, 자유는 우리에게 다양한 기회를 주고, 더 넓은 세상을 이해하는 데 도움을 줘요.

[관련 한자어]
자율(自律)   방임(放任)   독립(獨立)   해방(解放)

[관련 한자 성어]
자유분방(自由奔放)   종횡무진(縱橫無盡)   자유자재(自由自在)

한자어 학습

1 주어진 한자어와 영어 단어를 알맞게 연결하시오.

한자어 (음/뜻)   영어 단어

自 (자/스스로)   •   •   law

律 (율/법칙)   •   •   self

放 (방/놓을)   •   •   leave

任 (임/맡길)   •   •   release

獨 (독/홀로)   •   •   untie

立 (립/설)   •   •   alone

解 (해/풀)   •   •   stand

2 한자와 뜻이 같도록 빈칸에 알맞은 주어진 영단어를 넣으시오.

> neglect   independence   autonomy   liberation

자율(自律) : 자(自) + 율(律) = 자율 (   )

방임(放任) : 방(放) + 임(任) = 방임 (   )

독립(獨立) : 독(獨) + 립(立) = 독립 (   )

해방(解放) : 해(解) + 방(放) = 해방 (   )

한자 성어 학습

1 주어진 한자 성어와 영어(우리말) 설명이 맞도록 연결하시오.

한자 성어   영어(우리말) 설명

자유분방(自由奔放)   •

• going everywhere without limitations
제한 없이 이곳저곳을 다님

종횡무진(縱橫無盡)   •

• living freely without restrictions
제한 없이 자유롭게 삶

자유자재(自由自在)   •

• handling things freely and skillfully
자유롭고 능숙하게 다룸

2 주어진 내용에 맞는 한자 성어를 빈칸에 알맞게 넣으시오. (한글만 작성)

> 자유분방(自由奔放)　　종횡무진(縱橫無盡)　　자유자재(自由自在)

1. 유나는 어려운 문제도 쉽고 능숙하게 해결해요. (　　　　　　　)

→ Yuna solves even difficult problems with ease and skill.

2. 지우는 운동장에서 거침없이 뛰어다녀요. (　　　　　　　)

→ Jiwoo runs around the playground effortlessly.

3. 서준이는 규칙을 따르지 않고 자기 방식대로 행동해요. (　　　　　　　)

→ Seojun acts in his own way without following rules.

한자어 정답

1

自 (자/스스로)   law

律 (율/법칙)   self

放 (방/놓을)   leave

任 (임/맡길)   release

獨 (독/홀로)   untie

立 (립/설)   alone

解 (해/풀)   stand

2

자율(自律) : 자(自) + 율(律) = 자율 (autonomy)

방임(放任) : 방(放) + 임(任) = 방임 (neglect)

독립(獨立) : 독(獨) + 립(立) = 독립 (independence)

해방(解放) : 해(解) + 방(放) = 해방 (liberation)

한자 성어 정답

1

자유분방(自由奔放)   going everywhere without limitations
제한 없이 이곳저곳을 다님

종횡무진(縱橫無盡)   living freely without restrictions
제한 없이 자유롭게 삶

자유자재(自由自在)   handling things freely and skillfully
자유롭고 능숙하게 다룸

2   1. 자유자재   2. 종횡무진   3. 자유분방

39 협력(Cooperation)

협력(協力)이란 여러 사람이 함께 힘을 모아 일을 해 나가는 것을 말해요. 협력을 통해 우리는 더 큰 목표를 달성할 수 있고, 혼자서는 하기 어려운 일도 해결할 수 있어요. 협력은 같은 목표를 향해 서로 도와가며 일을 진행하는 과정이에요. 협력을 통해 우리는 서로의 강점을 발휘하고, 약점을 보완하며 더 나은 결과를 얻을 수 있어요. 협력은 친구나 가족, 동료와 함께 일할 때 중요한 역할을 하며, 서로를 이해하고 존중하는 데도 큰 도움이 돼요.

[관련 한자어]

동의(同意)   화합(和合)   단결(團結)   협동(協同)

[관련 한자 성어]

일심동체(一心同體)   의기투합(意氣投合)   상부상조(相扶相助)

한자어 학습

1 주어진 한자어와 영어 단어를 알맞게 연결하시오.

한자어 (음/뜻)	영어 단어

同 (동/한가지, 같을)　•

意 (의/뜻)　•

和 (화/화할)　•

合 (합/합할)　•

團 (단/둥글)　•

結 (결/맺을)　•

協 (협/화합할, 도울)　•

•　meaning

•　harmonious

•　one, same

•　round

•　combine

•　harmonize, help

•　tie

※ 화하다 : 서로 뜻이 맞아 사이 좋은 상태가 되다.

2 한자와 뜻이 같도록 빈칸에 알맞은 주어진 영단어를 넣으시오.

unity　cooperation　agreement　harmony

동의(同意) : 동(同) + 의(意) = 동의 (　　　　　　)

화합(和合) : 화(和) + 합(合) = 화합 (　　　　　　)

단결(團結) : 단(團) + 결(結) = 단결 (　　　　　　)

협동(協同) : 협(協) + 동(同) = 협동 (　　　　　　)

한자 성어 학습

1 주어진 한자 성어와 영어(우리말) 설명이 맞도록 연결하시오.

한자 성어	영어(우리말) 설명

일심동체(一心同體) •

의기투합(意氣投合) •

상부상조(相扶相助) •

• uniting with shared spirit and enthusiasm
공통된 정신과 열정으로 단결함

• helping and supporting each other
서로 돕고 지지함

• sharing the same goal as heart and body are one
마음과 몸이 하나가 되듯이 서로 같은 목표를 공유함

2 주어진 내용에 맞는 한자 성어를 빈칸에 알맞게 넣으시오. (한글만 작성)

일심동체(一心同體)　의기투합(意氣投合)　상부상조(相扶相助)

1. 우리 반은 서로 도와가며 프로젝트를 완성했어요. (　　　　　)
→ Our class helped each other to finish the project.

2. 누군가 힘들어하면, 모두가 하나 되어 도와줘요. (　　　　　)
→ When someone struggles, everyone comes together as one to help.

3. 민호와 지훈이는 서로 뜻이 맞아 같이 팀을 만들었어요. (　　　　　)
→ Minho and Jihoon got along well and formed a team.

한자어 정답

1

同 (동/한가지, 같을) ——————— meaning

意 (의/뜻) ——————— harmonious

和 (화/화할) ——————— one, same

合 (합/합할) ——————— round

團 (단/둥글) ——————— combine

結 (결/맺을) ——————— harmonize, help

協 (협/화합할, 도울) ——————— tie

2

동의(同意) : 동(同) + 의(意) = 동의 (agreement)

화합(和合) : 화(和) + 합(合) = 화합 (harmony)

단결(團結) : 단(團) + 결(結) = 단결 (unity)

협동(協同) : 협(協) + 동(同) = 협동 (cooperation)

한자 성어 정답

1

일심동체(一心同體) ——————— uniting with shared spirit and enthusiasm
공통된 정신과 열정으로 단결함

의기투합(意氣投合) ——————— helping and supporting each other
서로 돕고 지지함

상부상조(相扶相助) ——————— sharing the same goal as heart and body are one
마음과 몸이 하나가 되듯이 서로 같은 목표를 공유함

2 1. 상부상조   2. 일심동체   3. 의기투합

40 평화(Peace)

평화(平和)란 갈등이나 폭력 없이 사람들이 조화롭게 지내는 상태를 말해요. 평화를 통해 우리는 안전하고 안정된 삶을 살 수 있어요. 평화는 가족, 친구, 이웃 사이에서 서로 존중하고 이해하며, 사회에서도 법과 질서를 지키며 갈등을 해결하는 데 중요한 역할을 해요. 평화는 가까운 곳에서 시작될 수 있고, 나라와 나라 사이에도 평화가 이루어지면 더 넓은 세상에서 서로 협력하며 발전할 수 있어요. 평화는 우리의 삶을 더 행복하고 풍요롭게 만들어 주며, 다른 사람들과 함께 더 나은 세상을 만드는 데 도움을 줘요.

[관련 한자어]

화목(和睦)   평온(平穩)   화친(和親)   융합(融合)

[관련 한자 성어]

화기애애(和氣靄靄)   천하태평(天下泰平)   불협화음(不協和音)

한자어 학습

1 주어진 한자어와 영어 단어를 알맞게 연결하시오.

한자어 (음/뜻)	영어 단어
和 (화/화할) •	• harmonious, close
睦 (목/화목할, 친할) •	• comfortable
平 (평/평평할) •	• flat
穩 (온/편안할) •	• melt
親 (친/친할) •	• close
融 (융/녹을) •	• harmonious
合 (합/합할) •	• combine

2 한자와 뜻이 같도록 빈칸에 알맞은 주어진 영단어를 넣으시오.

calmness   integration   harmony   friendship

화목(和睦) : 화(和) + 목(睦) = 화목 (   )

평온(平穩) : 평(平) + 온(穩) = 평온 (   )

화친(和親) : 화(和) + 친(親) = 화친 (   )

융합(融合) : 융(融) + 합(合) = 융합 (   )

한자 성어 학습

1 주어진 한자 성어와 영어(우리말) 설명이 맞도록 연결하시오.

한자 성어	영어(우리말) 설명

화기애애(和氣靄靄)　•

천하태평(天下泰平)　•

불협화음(不協和音)　•

•　The atmosphere is warm and friendly.
분위기가 따뜻하고 다정하다.

•　discord or lack of harmony
불화 또는 조화의 부족

•　The world is peaceful and stable.
세상이 평화롭고 안정되어 있다.

2 주어진 내용에 맞는 한자 성어를 빈칸에 알맞게 넣으시오. (한글만 작성)

화기애애(和氣靄靄)　천하태평(天下泰平)　불협화음(不協和音)

1. 발표 시간에 서로 의견이 달라서 말다툼이 생겼어요. (　　　　　　)
→ During the presentation, there was an argument because of different opinions.

2. 우리 반은 친절하고 모두가 서로를 따뜻하게 도와요. (　　　　　　)
→ Our class is friendly and everyone helps each other warmly.

3. 선생님 덕분에, 우리 반은 싸움도 없고 평화로워요. (　　　　　　)
→ Thanks to the teacher, our class is peaceful with no fights.

한자어 정답

①

和 (화/화할)   harmonious, close

睦 (목/화목할, 친할)   comfortable

平 (평/평평할)   flat

穩 (온/편안할)   melt

親 (친/친할)   close

融 (융/녹을)   harmonious

合 (합/합할)   combine

②

화목(和睦) : 화(和) + 목(睦) = 화목 (harmony)

평온(平穩) : 평(平) + 온(穩) = 평온 (calmness)

화친(和親) : 화(和) + 친(親) = 화친 (friendship)

융화(融和) : 융(融) + 화(和) = 융화 (integration)

한자 성어 정답

①

화기애애(和氣靄靄)   The atmosphere is warm and friendly.
분위기가 따뜻하고 다정하다.

천하태평(天下泰平)   discord or lack of harmony
불화 또는 조화의 부족

불협화음(不協和音)   The world is peaceful and stable.
세상이 평화롭고 안정되어 있다.

②   1. 불협화음   2. 화기애애   3. 천하태평

41 지식(Knowledge)

지식(知識)이란 우리가 배우고 경험한 것을 통해 얻는 정보와 이해를 말해요. 지식을 쌓으면서 우리는 새로운 사실을 알게 되고, 문제를 해결할 수 있는 능력을 기르게 돼요. 지식은 책을 읽거나 수업을 듣는 것뿐만 아니라 일상생활에서의 경험을 통해서도 얻을 수 있어요. 지식을 쌓으면 생각이 넓어지고, 세상을 더 깊게 이해할 수 있어요. 지식은 개인뿐만 아니라 사회와 세계가 발전하는 데 중요한 역할을 하며, 다른 사람들과 의견을 나누고 함께 문제를 해결하는 데도 큰 도움을 주어요.

[관련 한자어]

지성(知性)　인지(認知)　학식(學識)　사고(思考)

[관련 한자 성어]

일취월장(日就月將)　박학다식(博學多識)　심사숙고(深思熟考)

한자어 학습

1 주어진 한자어와 영어 단어를 알맞게 연결하시오.

한자어 (음/뜻)		영어 단어
知 (지/알)	•	• think, consider
性 (성/성품)	•	• know
認 (인/알, 인식할)	•	• nature
學 (학/배울)	•	• know, perceive
識 (식/알, 깨달을)	•	• learn
思 (사/생각)	•	• know, realize
考 (고/생각할, 헤아릴)	•	• thought

2 한자와 뜻이 같도록 빈칸에 알맞은 주어진 영단어를 넣으시오.

learning   intelligence   thinking   cognition

지성(知性) : 지(知) + 성(性) = 지성 (   )

인지(認知) : 인(認) + 지(知) = 인지 (   )

학식(學識) : 학(學) + 식(識) = 학식 (   )

사고(思考) : 사(思) + 고(考) = 사고 (   )

한자 성어 학습

1 주어진 한자 성어와 영어(우리말) 설명이 맞도록 연결하시오.

한자 성어   영어(우리말) 설명

일취월장(日就月將)   •   • careful and deep consideration
주의 깊고 신중한 고려

박학다식(博學多識)   •   • having broad knowledge and deep understanding
넓은 지식과 깊은 이해를 갖춤

심사숙고(深思熟考)   •   • improving day by day
날마다 발전하고 있음

2 주어진 내용에 맞는 한자 성어를 빈칸에 알맞게 넣으시오. (한글만 작성)

일취월장(日就月將)   박학다식(博學多識)   심사숙고(深思熟考)

1. 주의 깊고 신중한 고려 끝에 그들은 결정을 내렸어요. (   )

→ After careful and deep consideration, they made a decision.

2. 지수는 하루하루 실력이 늘어가는 것을 느껴요. (   )

→ Jisoo feels her skills improving every day.

3. 동우는 다양한 책을 읽어 지식이 풍부해요. (   )

→ Dongwoo has a lot of knowledge from reading many books.

한자어 정답

1

知 (지/알)	think, consider
性 (성/성품)	know
認 (인/알, 인식할)	nature
學 (학/배울)	know, perceive
識 (식/알, 깨달을)	learn
思 (사/생각)	know, realize
考 (고/생각할, 헤아릴)	thought

2

지성(知性) : 지(知) + 성(性) = 지성 (intelligence)

인지(認知) : 인(認) + 지(知) = 인지 (cognition)

학식(學識) : 학(學) + 식(識) = 학식 (learning)

사고(思考) : 사(思) + 고(考) = 사고 (thinking)

한자 성어 정답

1

일취월장(日就月將)	careful and deep consideration 주의깊고 신중한 고려
박학다식(博學多識)	having broad knowledge and deep understanding 넓은 지식과 깊은 이해를 갖춤
심사숙고(深思熟考)	improving day by day 날마다 발전하고 있음

2 1. 심사숙고   2. 일취월장   3. 박학다식

42 창의력(Creativity)

창의력(創意力)이란 새로운 아이디어를 생각해 내고, 문제를 해결하는 능력을 말해요. 창의력을 통해 우리는 새로운 방식으로 생각하고, 독창적인 방법을 찾아낼 수 있어요. 창의력은 미술, 음악, 글쓰기뿐만 아니라 과학, 수학, 기술 등 다양한 분야에서 발휘될 수 있어요. 창의력은 일상생활에서도 중요한 역할을 하며, 독특한 아이디어를 통해 문제를 해결하고 더 나은 결과를 얻을 수 있어요. 창의력은 우리의 생각을 확장해주고 다양한 가능성을 발견할 수 있도록 도와줘요.

[관련 한자어]

영감(靈感)　발상(發想)　독창(獨創)　상상(想像)

[관련 한자 성어]

기상천외(奇想天外)　기기묘묘(奇奇妙妙)　무궁무진(無窮無盡)

한자어 학습

1 주어진 한자어와 영어 단어를 알맞게 연결하시오.

한자어 (음/뜻)		영어 단어
靈 (영/신령)	•	• shape
感 (감/느낄)	•	• come from, make
發 (발/필)	•	• alone
想 (상/생각)	•	• thought
獨 (독/홀로)	•	• bloom
創 (창/비롯할, 만들)	•	• feel
象 (상/모양)	•	• spirit

2 한자와 뜻이 같도록 빈칸에 알맞은 주어진 영단어를 넣으시오.

originality   inspiration   imagination   idea

영감(靈感) : 영(靈) + 감(感) = 영감 (   )

발상(發想) : 발(發) + 상(想) = 발상 (   )

독창(獨創) : 독(獨) + 창(創) = 독창 (   )

상상(想像) : 상(想) + 상(像) = 상상 (   )

한자 성어 학습

1 주어진 한자 성어와 영어(우리말) 설명이 맞도록 연결하시오.

한자 성어	영어(우리말) 설명

기상천외(奇想天外)　•

기기묘묘(奇奇妙妙)　•

무궁무진(無窮無盡)　•

• limitless and infinite
끝이 없고 무한한

• an extraordinary idea beyond imagination
상상 밖의 기발한 생각

• something strange and mysterious
이상하고 신기한 것

2 주어진 내용에 맞는 한자 성어를 빈칸에 알맞게 넣으시오. (한글만 작성)

기상천외(奇想天外)　기기묘묘(奇奇妙妙)　무궁무진(無窮無盡)

1. 그녀의 소설은 끝없이 많은 인간의 감정을 표현했어요. (　　　　　　)

→ Her novel described the limitless emotions of human beings.

2. 지효는 누구도 상상할 수 없는 아이디어를 냈어요. (　　　　　　)

→ Jihyo came up with an idea that no one could imagine.

3. 그녀는 이상하고 신비로운 숨겨진 정원을 발견했어요. (　　　　　　)

→ She discovered a hidden garden that was weird and mysterious.

한자어 정답

1

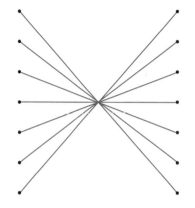

靈 (영/신령)   shape
感 (감/느낄)   come from, make
發 (발/필)   alone
想 (상/생각)   thought
獨 (독/홀로)   bloom
創 (창/비롯할, 만들)   feel
象 (상/모양)   spirit

2

영감(靈感) : 영(靈) + 감(感) = 영감 (inspiration)

발상(發想) : 발(發) + 상(想) = 발상 (idea)

독창(獨創) : 독(獨) + 창(創) = 독창 (originality)

상상(想像) : 상(想) + 상(像) = 상상 (imagination)

한자 성어 정답

1

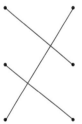

기상천외(奇想天外)   limitless and infinite
끝이 없고 무한한

기기묘묘(奇奇妙妙)   an extraordinary idea beyond imagination
상상 밖의 기발한 생각

무궁무진(無窮無盡)   something strange and mysterious
이상하고 신기한 것

2 1. 무궁무진   2. 기상천외   3. 기기묘묘

43 문제 해결 (Problem Solving)

문제 해결(問題解決)이란 우리가 직면한 어려움이나 문제를 해결하는 과정을 말해요. 문제 해결을 통해 우리는 다양한 상황에서 적절한 해결책을 찾아낼 수 있어요. 문제를 해결하기 위해서는 먼저 문제의 원인을 파악하고, 그에 맞는 해결 방법을 고민해야 해요. 이 과정에서 창의력과 논리적 사고가 중요한 역할을 해요. 문제 해결은 일상생활에서뿐만 아니라 학업, 직장 등 다양한 분야에서 필요하며, 이를 통해 우리는 더 나은 결과를 얻고, 새로운 기회를 발견할 수 있어요.

[**관련 한자어**]

대처(對處)   조절(調節)   결단(決斷)   통찰(洞察)

[**관련 한자 성어**]

속수무책(束手無策)   임기응변(臨機應變)   결자해지(結者解之)

한자어 학습

1 주어진 한자어와 영어 단어를 알맞게 연결하시오.

한자어 (음/뜻)	영어 단어

對 (대/대할)   •   •   level

處 (처/곳)   •   •   decide

調 (조/고를)   •   •   place

節 (절/마디)   •   •   look

決 (결/결단할)   •   •   bright

斷 (단/끊을)   •   •   face

洞 (통/밝을)   •   •   cut

察 (찰/살필)   •   •   joint

※ 고르다 : 울퉁불퉁한 것을 평평하게 하거나 들쭉날쭉한 것을 가지런하게 하다.

2 한자와 뜻이 같도록 빈칸에 알맞은 주어진 영단어를 넣으시오.

control   insight   handling   decision

대처(對處) : 대(對) + 처(處) = 대처 (   )

조절(調節) : 조(調) + 절(節) = 조절 (   )

결단(決斷) : 결(決) + 단(斷) = 결단 (   )

통찰(洞察) : 통(洞) + 찰(察) = 통찰 (   )

한자 성어 학습

1 주어진 한자 성어와 영어(우리말) 설명이 맞도록 연결하시오.

한자 성어	영어(우리말) 설명

속수무책(束手無策) •

임기응변(臨機應變) •

결자해지(結者解之) •

• The one who caused the problem must resolve.
문제를 만든 사람이 해결해야 한다.

• adapting quickly to the situation
상황에 맞춰 빠르게 대처함

• having no way to handle the situation
상황을 처리할 방법이 없음

2 주어진 내용에 맞는 한자 성어를 빈칸에 알맞게 넣으시오. (한글만 작성)

속수무책(束手無策)   임기응변(臨機應變)   결자해지(結者解之)

1. 갑자기 상황이 바뀌어서 재빠르게 다른 방법을 찾아냈어요. (   )

→ The situation changed suddenly, so I quickly found another way.

2. 시험이 너무 어려워서 아무것도 할 수 없었어요. (   )

→ The test was too hard, so I couldn't do anything.

3. 선생님은 내가 저지른 실수를 스스로 고치라고 하셨어요. (   )

→ The teacher told me to fix the mistake I made on my own.

한자어 정답

1

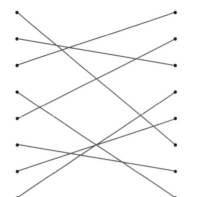

對 (대/대할)　　　　　　　　　　　level

處 (처/곳)　　　　　　　　　　　　decide

調 (조/고를)　　　　　　　　　　　place

節 (절/마디)　　　　　　　　　　　look

決 (결/결단할)　　　　　　　　　　bright

斷 (단/끊을)　　　　　　　　　　　face

洞 (통/밝을)　　　　　　　　　　　cut

察 (찰/살필)　　　　　　　　　　　joint

2　대처(對處) : 대(對) + 처(處) = 대처 (handling)

조절(調節) : 조(調) + 절(節) = 조절 (control)

결단(決斷) : 결(決) + 단(斷) = 결단 (decision)

통찰(洞察) : 통(洞) + 찰(察) = 통찰 (insight)

한자 성어 정답

1

속수무책(束手無策)　　　　The one who caused the problem must resolve.
　　　　　　　　　　　　　문제를 만든 사람이 해결해야 한다.

임기응변(臨機應變)　　　　adapting quickly to the situation
　　　　　　　　　　　　　상황에 맞춰 빠르게 대처함

결자해지(結者解之)　　　　having no way to handle the situation
　　　　　　　　　　　　　상황을 처리할 방법이 없음

2　1. 임기응변　　2. 속수무책　　3. 결자해지

44 재능(Talent)

재능(才能)이란 사람마다 특별히 잘하는 능력이나 기술을 말해요. 재능은 태어날 때부터 가지고 있는 경우도 있지만, 꾸준한 노력과 연습을 통해 발전시킬 수도 있어요. 재능을 통해 우리는 다양한 분야에서 성취감을 느낄 수 있고, 자신만의 강점을 발견할 수 있어요. 미술, 음악, 스포츠, 학문 등 다양한 분야에서 재능을 발휘할 수 있어요. 재능은 개인의 성장을 도울 뿐만 아니라, 다른 사람들과 협력하거나 사회에 기여하는 데에도 큰 도움이 돼요.

[관련 한자어]
발휘(發揮)   비상(飛上)   역량(力量)   영재(英才)

[관련 한자 성어]
팔방미인(八方美人)   군계일학(群鷄一鶴)   능수능란(能手能爛)

한자어 학습

1 주어진 한자어와 영어 단어를 알맞게 연결하시오.

한자어 (음/뜻)	영어 단어
發 (발/필) •	• wield
揮 (휘/휘두를) •	• not
非 (비/아닐) •	• bloom
常 (상/항상) •	• power
力 (역/힘) •	• count
量 (량/헤아릴) •	• always
英 (영/꽃부리, 뛰어날) •	• talent
才 (재/재주) •	• petal, outstanding

2 한자와 뜻이 같도록 빈칸에 알맞은 주어진 영단어를 넣으시오.

talented person   exhibition   capability   extraordinary

발휘(發揮) : 발(發) + 휘(揮) = 발휘 (   )

비상(非常) : 비(非) + 상(常) = 비상 (   )

역량(力量) : 역(力) + 량(量) = 역량 (   )

영재(英才) : 영(英) + 재(才) = 영재 (   )

한자 성어 학습

1 주어진 한자 성어와 영어(우리말) 설명이 맞도록 연결하시오.

한자 성어	영어(우리말) 설명

팔방미인(八方美人)　•

군계일학(群鷄一鶴)　•

능수능란(能手能爛)　•

• a standout among the crowd
　군중 속에서 두드러진 사람

• skilled and excellent at something
　어떤 일에 능숙하고 뛰어난

• a person who is good at everything
　모든 일을 잘하는 사람

2 주어진 내용에 맞는 한자 성어를 빈칸에 알맞게 넣으시오. (한글만 작성)

> 팔방미인(八方美人)　군계일학(群鷄一鶴)　능수능란(能手能爛)

1. 현우는 운동, 공부, 예술 등 못하는 게 없는 친구예요. (　　　　　　　　)

→ Hyunwoo is good at everything whether it's sports, studying or art.

2. 민지는 어떤 일이든 능숙하게 처리하는 사람이에요. (　　　　　　　　)

→ Minji is someone who handles any task skillfully.

3. 세진이는 참가자 중에 가장 뛰어나요. (　　　　　　　　)

→ Sejin is the standout among the participants.

한자어 정답

①

發 (발/필)   wield

揮 (휘/휘두를)   not

非 (비/아닐)   bloom

常 (상/항상)   power

力 (역/힘)   count

量 (량/헤아릴)   always

英 (영/꽃부리, 뛰어날)   talent

才 (재/재주)   petal, outstanding

②

발휘(發揮) : 발(發) + 휘(揮) = 발휘 (exhibition)

비상(非常) : 비(非) + 상(常) = 비상 (extraordinary)

역량(力量) : 역(力) + 량(量) = 역량 (capability)

영재(英才) : 영(英) + 재(才) = 영재 (talented person)

한자 성어 정답

①

팔방미인(八方美人)   a standout among the crowd
군중 속에서 두드러진 사람

군계일학(群鷄一鶴)   skilled and excellent at something
어떤 일에 능숙하고 뛰어난

능수능란(能手能爛)   a person who is good at everything
모든 일을 잘하는 사람

②   1. 팔방미인   2. 능수능란   3. 군계일학

45 지혜(Wisdom)

지혜(智慧)란 상황을 올바르게 판단하고 해결할 수 있는 능력을 말해요. 지혜는 단순한 지식이 아니라, 그 지식을 바탕으로 삶에서 중요한 결정을 내리는 데 도움이 돼요. 지혜로운 사람은 다양한 상황에서 침착하게 생각하고, 문제를 해결하기 위해 여러 가지 방법을 찾아요. 나이와 경험에 따라 지혜는 더 깊어질 수 있지만, 어린 나이에도 지혜를 발휘할 수 있어요. 지혜는 다른 사람들과 소통하고 배려하는 데에도 중요한 역할을 해요.

[관련 한자어]
총명(聰明)   혜안(慧眼)   현명(賢明)   통달(通達)

[관련 한자 성어]
선견지명(先見之明)   고육지책(苦肉之策)   지피지기(知彼知己)

한자어 학습

1 주어진 한자어와 영어 단어를 알맞게 연결하시오.

한자어 (음/뜻)	영어 단어
聰 (총/귀밝을, 총명할) •	• wise
明 (명/밝을) •	• pass
慧 (혜/슬기로울) •	• bright
眼 (안/눈) •	• good hearing, intelligent
賢 (현/어질) •	• benevolent
通 (통/통할) •	• master
達 (달/통달할) •	• eye

2 한자와 뜻이 같도록 빈칸에 알맞은 주어진 영단어를 넣으시오.

> wisdom   intelligence   insight   proficiency

총명(聰明) : 총(聰) + 명(明) = 총명 (   )

혜안(慧眼) : 혜(慧) + 안(眼) = 혜안 (   )

현명(賢明) : 현(賢) + 명(明) = 현명 (   )

통달(通達) : 통(通) + 달(達) = 통달 (   )

한자 성어 학습

① 주어진 한자 성어와 영어(우리말) 설명이 맞도록 연결하시오.

한자 성어   영어(우리말) 설명

선견지명(先見之明)   •   • knowing both yourself and your enemy
너 자신과 적을 모두 앎

고육지책(苦肉之策)   •   • the ability to see what will happen next
앞으로 일어날 일을 내다보는 능력

지피지기(知彼知己)   •   • a desperate measure in hard situations
어려운 상황에서의 필사적인 조치

② 주어진 내용에 맞는 한자 성어를 빈칸에 알맞게 넣으시오. (한글만 작성)

선견지명(先見之明)   고육지책(苦肉之策)   지피지기(知彼知己)

1. 민수는 자신의 자전거를 팔아서 동생의 병원비를 마련했어요. (   )
→ Minsu sold his bike to cover his brother's hospital bills.

2. 지연이는 앞으로 일어날 일을 미리 생각해서 준비했어요. (   )
→ Jiyeon thought ahead and got ready for what might happen.

3. 지훈이는 그의 라이벌을 분석해서 게임에서 이겼어요. (   )
→ Jihoon analyzed his rivals and won the game.

1

聰 (총/귀밝을, 총명할)	wise
明 (명/밝을)	pass
慧 (혜/슬기로울)	bright
眼 (안/눈)	good hearing, intelligent
賢 (현/어질)	benevolent
通 (통/통할)	master
達 (달/통달할)	eye

2 총명(聰明) : 총(聰) + 명(明) = 총명 (intelligence)

혜안(慧眼) : 혜(慧) + 안(眼) = 혜안 (insight)

현명(賢明) : 현(賢) + 명(明) = 현명 (wisdom)

통달(通達) : 통(通) + 달(達) = 통달 (proficiency)

한자 성어 정답

1

선견지명(先見之明)	knowing both yourself and your enemy 너 자신과 적을 모두 앎
고육지책(苦肉之策)	the ability to see what will happen next 앞으로 일어날 일을 내다보는 능력
지피지기(知彼知己)	a desperate measure in hard situations 어려운 상황에서의 필사적인 조치

2 1. 고육지책   2. 선견지명   3. 지피지기

46 전통(Tradition)

전통(傳統)이란 오랜 시간 동안 이어져 내려온 생활 방식, 문화, 습관 등을 말해요. 전통은 그 사회나 민족의 고유한 특징을 나타내며, 사람들은 전통을 통해 자신들의 뿌리와 역사를 이해하고 소중하게 여겨요. 전통은 명절이나 축제와 같은 특별한 날에도 나타나고, 일상생활 속에서도 찾아볼 수 있어요. 전통을 지키고 배우는 것은 우리 문화의 가치를 이어가는 중요한 활동이며 다음 세대에게 중요한 가르침을 전달하는 데 도움을 줘요.

[관련 한자어]
유산(遺産)   계승(繼承)   선조(先祖)   풍속(風俗)

[관련 한자 성어]
온고지신(溫故知新)   사필귀정(事必歸正)   수주대토(守株待兎)

한자어 학습

1 주어진 한자어와 영어 단어를 알맞게 연결하시오.

한자어 (음/뜻)	영어 단어
遺 (유/남길) •	• produce
産 (산/낳을) •	• former
繼 (계/이을) •	• continue, inherit
承 (승/이을, 계승할) •	• leave
先 (선/먼저) •	• custom
祖 (조/조상) •	• ancestor
風 (풍/바람) •	• continue
俗 (속/풍속) •	• wind

※ 풍속 : 옛날부터 그 사회에 전해 오는 생활 전반에 걸친 습관 따위를 이르는 말

2 한자와 뜻이 같도록 빈칸에 알맞은 주어진 영단어를 넣으시오.

> succession   custom   heritage   ancestor

유산(遺産) : 유(遺) + 산(産) = 유산 (   )

계승(繼承) : 계(繼) + 승(承) = 계승 (   )

선조(先祖) : 선(先) + 조(祖) = 선조 (   )

풍속(風俗) : 풍(風) + 속(俗) = 풍속 (   )

한자 성어 학습

1 주어진 한자 성어와 영어(우리말) 설명이 맞도록 연결하시오.

한자 성어	영어(우리말) 설명

온고지신(溫故知新)　•

•　Everything will come to its rightful conclusion.
　모든 일은 옳은 결말에 이를 것이다.

사필귀정(事必歸正)　•

•　hoping for results without effort
　노력 없이 결과를 바람

수주대토(守株待兔)　•

•　learning from the past to gain new knowledge
　새로운 지식을 얻기 위해 과거로부터 배움

2 주어진 내용에 맞는 한자 성어를 빈칸에 알맞게 넣으시오. (한글만 작성)

온고지신(溫故知新)　사필귀정(事必歸正)　수주대토(守株待兔)

1. 나는 옛날 책을 읽고 새로운 아이디어를 얻었어요. (　　　　　　　)

→ I read old books and got new ideas.

2. 결국 모든 일이 바르게 해결되었어요. (　　　　　　　)

→ In the end, everything turned out right.

3. 노력하지 않고도 좋은 결과를 기대하는 것은 무리예요. (　　　　　　　)

→ Expecting good results without effort is unreasonable.

한자어 정답

1

遺 (유/남길) ——— leave
産 (산/낳을) ——— produce
繼 (계/이을) ——— continue
承 (승/이을, 계승할) ——— continue, inherit
先 (선/먼저) ——— former
祖 (조/조상) ——— ancestor
風 (풍/바람) ——— wind
俗 (속/풍속) ——— custom

2

유산(遺産) : 유(遺) + 산(産) = 유산 (heritage)

계승(繼承) : 계(繼) + 승(承) = 계승 (succession)

선조(先祖) : 선(先) + 조(祖) = 선조 (ancestor)

풍속(風俗) : 풍(風) + 속(俗) = 풍속 (custom)

한자 성어 정답

1

온고지신(溫故知新) ——— learning from the past to gain new knowledge
새로운 지식을 얻기 위해 과거로부터 배움

사필귀정(事必歸正) ——— Everything will come to its rightful conclusion.
모든 일은 옳은 결말에 이를 것이다.

수주대토(守株待兎) ——— hoping for results without effort
노력 없이 결과를 바람

2 1. 온고지신 2. 사필귀정 3. 수주대토

47 이야기(Story)

이야기(話)란 사건이나 경험, 상상 등을 말이나 글로 표현한 것을 말해요. 이야기를 통해 우리는 다른 사람들과 생각과 감정을 나누고, 교훈을 얻거나 재미를 느낄 수 있어요. 이야기는 책이나 영화, 연극 등 다양한 매체에서 찾아볼 수 있으며, 일상 대화 속에서도 자연스럽게 나타나요. 짧은 이야기부터 긴 이야기까지 그 종류는 다양하고, 누구나 자신만의 이야기를 만들고 들려줄 수 있어요. 이야기는 사람들 사이의 연결을 돕고 새로운 세계를 경험하게 해줘요.

[**관련 한자어**]

고전(古典)   전설(傳說)   우화(寓話)   서사(敍事)

[**관련 한자 성어**]

인과응보(因果應報)   우공이산(愚公移山)   새옹지마(塞翁之馬)

한자어 학습

1 주어진 한자어와 영어 단어를 알맞게 연결하시오.

한자어 (음/뜻)		영어 단어
古 (고/옛) •	•	law
典 (전/법) •	•	old
傳 (전/전할) •	•	words
說 (설/말씀) •	•	tell
寓 (우/부칠) •	•	words, story
話 (화/말씀, 이야기) •	•	send
敍 (서/차례) •	•	work
事 (사/일) •	•	order

2 한자와 뜻이 같도록 빈칸에 알맞은 주어진 영단어를 넣으시오.

fable   legend   classic   narrative

고전(古典) : 고(古) + 전(典) = 고전 (   )

전설(傳說) : 전(傳) + 설(說) = 전설 (   )

우화(寓話) : 우(寓) + 화(話) = 우화 (   )

서사(敍事) : 서(敍) + 사(事) = 서사 (   )

한자 성어 학습

1 주어진 한자 성어와 영어(우리말) 설명이 맞도록 연결하시오.

한자 성어	영어(우리말) 설명

인과응보(因果應報)　•

우공이산(愚公移山)　•

새옹지마(塞翁之馬)　•

•　You get what you deserve.
스스로 한 일에 맞는 결과를 얻게 된다.

•　Life's ups and downs are unpredictable.
인생의 오르내림은 예측할 수 없다.

•　Hard work can overcome anything.
열심히 일하면 무엇이든 극복할 수 있다.

2 주어진 내용에 맞는 한자 성어를 빈칸에 알맞게 넣으시오. (한글만 작성)

인과응보(因果應報)　　우공이산(愚公移山)　　새옹지마(塞翁之馬)

1. 힘든 일도 끝까지 포기하지 않아요. (　　　　　　　　)

→ I don't give up even on hard tasks.

2. 오늘 좋은 일이 내일은 어떻게 될지 몰라요. (　　　　　　　　)

→ What is good today might change tomorrow.

3. 내가 거짓말을 해서 결국 친구가 나를 멀리했어요. (　　　　　　　　)

→ I lied and my friend stayed away from me.

한자어 정답

1

古 (고/옛)	law
典 (전/법)	old
傳 (전/전할)	words
說 (설/말씀)	tell
寓 (우/부칠)	words, story
話 (화/말씀, 이야기)	send
敍 (서/차례)	work
事 (사/일)	order

2

고전(古典) : 고(古) + 전(典) = 고전 (classic)

전설(傳說) : 전(傳) + 설(說) = 전설 (legend)

우화(寓話) : 우(寓) + 화(話) = 우화 (fable)

서사(敍事) : 서(敍) + 사(事) = 서사 (narrative)

한자 성어 정답

1

인과응보(因果應報) — You get what you deserve.
스스로 한 일에 맞는 결과를 얻게 된다.

우공이산(愚公移山) — Life's ups and downs are unpredictable.
인생의 오르내림은 예측할 수 없다.

새옹지마(塞翁之馬) — Hard work can overcome anything.
열심히 일하면 무엇이든 극복할 수 있다.

2 1. 우공이산   2. 새옹지마   3. 인과응보

48 속담(Proverb)

속담(俗談)이란 오랜 시간 동안 전해 내려오며 사람들의 생활 속에서 지혜와 교훈을 담은 짧은 말을 뜻해요. 속담을 통해 우리는 다양한 상황에서 어떻게 행동해야 하는지 배우고, 인생의 교훈을 얻을 수 있어요. 속담은 일상에서 쉽게 접할 수 있고, 짧지만 그 속에 깊은 의미가 담겨 있어요. 속담은 세대를 거쳐 전해지며, 우리에게 지혜를 나누어주고 다른 사람들과 경험을 공유하는 데 도움을 줘요.

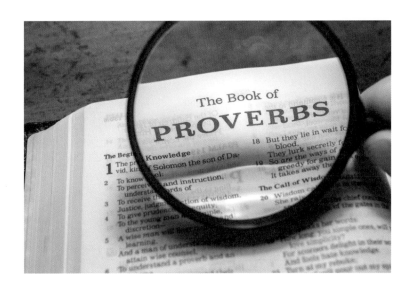

[관련 한자어]

격언(格言)   명언(名言)   교훈(敎訓)   지혜(智慧)

[관련 한자 성어]

청천벽력(靑天霹靂)   적반하장(賊反荷杖)   아전인수(我田引水)

한자어 학습

1 주어진 한자어와 영어 단어를 알맞게 연결하시오.

한자어 (음/뜻)	영어 단어
格 (격/격식) •	• wisdom
言 (언/말씀) •	• name
名 (명/이름) •	• words
敎 (교/가르칠) •	• teach, discipline
訓 (훈/가르칠, 훈계할) •	• wise
智 (지/슬기) •	• formality
慧 (혜/슬기로울) •	• teach

2 한자와 뜻이 같도록 빈칸에 알맞은 주어진 영단어를 넣으시오.

wisdom   proverb   famous saying   lesson

격언(格言) : 격(格) + 언(言) = 격언 (   )

명언(名言) : 명(名) + 언(言) = 명언 (   )

교훈(敎訓) : 교(敎) + 훈(訓) = 교훈 (   )

지혜(智慧) : 지(智) + 혜(慧) = 지혜 (   )

한자 성어 학습

1 주어진 한자 성어와 영어(우리말) 설명이 맞도록 연결하시오.

한자 성어	영어(우리말) 설명

청천벽력(靑天霹靂)　•

적반하장(賊反荷杖)　•

아전인수(我田引水)　•

• The person at fault blames others instead.
잘못한 사람이 도리어 다른 사람을 비난한다.

• acting in a way that only benefits oneself
오직 자신에게만 이롭게 행동함

• a sudden and shocking event
갑작스럽고 충격적인 사건

2 주어진 내용에 맞는 한자 성어를 빈칸에 알맞게 넣으시오. (한글만 작성)

청천벽력(靑天霹靂)　적반하장(賊反荷杖)　아전인수(我田引水)

1. 친구가 잘못했는데 오히려 나에게 화를 냈어요. (　　　　　　　　)
→ My friend made a mistake but got mad at me instead.

2. 나는 갑자기 나쁜 소식을 들어서 너무 놀랐어요. (　　　　　　　　)
→ I was shocked because I suddenly heard bad news.

3. 내 남동생은 오직 자기에게만 유리한 방식으로 말했어요. (　　　　　　　　)
→ My younger brother talked in a way that only benefits him.

한자어 정답

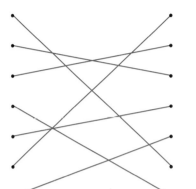

1

格 (격/격식) ——— wisdom

言 (언/말씀) ——— name

名 (명/이름) ——— words

教 (교/가르칠) ——— teach, discipline

訓 (훈/가르칠, 훈계할) ——— wise

智 (지/슬기) ——— formality

慧 (혜/슬기로울) ——— teach

2 격언(格言) : 격(格) + 언(言) = 격언 (proverb)

명언(名言) : 명(名) + 언(言) = 명언 (famous saying)

교훈(教訓) : 교(教) + 훈(訓) = 교훈 (lesson)

지혜(智慧) : 지(智) + 혜(慧) = 지혜 (wisdom)

한자 성어 정답

1

청천벽력(靑天霹靂) ——— The person at fault blames others instead.
잘못한 사람이 도리어 다른 사람을 비난한다.

적반하장(賊反荷杖) ——— acting in a way that only benefits oneself
오직 자신에게만 이롭게 행동함

아전인수(我田引水) ——— a sudden and shocking event
갑작스럽고 충격적인 사건

2 1. 적반하장   2. 청천벽력   3. 아전인수

49 책(Book)

책(冊)이란 글과 그림을 통해 지식, 이야기, 정보를 담고 있는 매체를 의미해요. 책을 읽으면 다양한 지식을 쌓고, 새로운 세상을 상상하며 재미있는 이야기를 즐길 수 있어요. 책은 공부할 때도 읽을 수 있고, 취미로도 읽을 수 있어요. 우리가 모르는 사실을 배우거나 새로운 관점을 이해하는 데도 큰 도움이 돼요. 요즘은 종이책뿐만 아니라 전자책으로도 쉽게 읽을 수 있어요. 책을 통해 우리는 생각을 넓히고 세상을 더 깊이 이해할 수 있어요.

[관련 한자어]

서적(書籍) 독서(讀書) 필사(筆寫) 편집(編輯)

[관련 한자 성어]

주경야독(晝耕夜讀) 독서삼매(讀書三昧) 우각괘서(牛角掛書)

한자어 학습

1 주어진 한자어와 영어 단어를 알맞게 연결하시오.

한자어 (음/뜻)			영어 단어
書 (서/글)	•	•	document
籍 (적/문서)	•	•	read
讀 (독/읽을)	•	•	weave
筆 (필/붓)	•	•	collect
寫 (사/베낄)	•	•	text
編 (편/엮을)	•	•	brush
輯 (집/모을)	•	•	copy

※ 엮다 : 여러 개의 물건을 끈이나 줄로 어긋매어 묶다.

2 한자와 뜻이 같도록 빈칸에 알맞은 주어진 영단어를 넣으시오.

> books   transcription   editing   reading

서적(書籍) : 서(書) + 적(籍) = 서적 (   )

독서(讀書) : 독(讀) + 서(書) = 독서 (   )

필사(筆寫) : 필(筆) + 사(寫) = 필사 (   )

편집(編輯) : 편(編) + 집(輯) = 편집 (   )

한자 성어 학습

1 주어진 한자 성어와 영어(우리말) 설명이 맞도록 연결하시오.

한자 성어	영어(우리말) 설명

주경야독(晝耕夜讀)　•

독서삼매(讀書三昧)　•

우각괘서(牛角掛書)　•

• deeply absorbed in reading
독서에 깊이 몰입한 상태

• working by day, studying by night
낮에는 일하고 밤에는 공부함

• studying very hard even during busy times
심지어 바쁜 시간에도 정말 열심히 공부함

2 주어진 내용에 맞는 한자 성어를 빈칸에 알맞게 넣으시오. (한글만 작성)

주경야독(晝耕夜讀)　독서삼매(讀書三昧)　우각괘서(牛角掛書)

1. 지민이는 일하면서도 틈날 때마다 책을 읽어요. (　　　　　　　　)

→ Jimin reads books whenever he has a chance even while working.

2. 소라는 책을 읽을 때 완전히 빠져들어서 시간 가는 줄 몰라요. (　　　　　　　　)

→ Sora gets so absorbed in reading that she loses track of time.

3. 태현이는 낮에는 집안일을 하고, 밤에는 열심히 공부해요. (　　　　　　　　)

→ Taehyun does chores during the day and studies hard at night.

한자어 정답

1

書 (서/글)   document

籍 (적/문서)   read

讀 (독/읽을)   weave

筆 (필/붓)   collect

寫 (사/베낄)   text

編 (편/엮을)   brush

輯 (집/모을)   copy

2

서적(書籍) : 서(書) + 적(籍) = 서적 (books)

독서(讀書) : 독(讀) + 서(書) = 독서 (reading)

필사(筆寫) : 필(筆) + 사(寫) = 필사 (transcription)

편집(編輯) : 편(編) + 집(輯) = 편집 (editing)

한자 성어 정답

1

주경야독(晝耕夜讀)   deeply absorbed in reading
독서에 깊이 몰입한 상태

독서삼매(讀書三昧)   working by day, studying by night
낮에는 일하고 밤에는 공부함

우각괘서(牛角掛書)   studying very hard even during busy times
심지어 바쁜 시간에도 정말 열심히 공부함

2   1. 우각괘서   2. 독서삼매   3. 주경야독

50 꿈(Dream)

꿈(夢)이란 잠을 자는 동안 머릿속에 떠오르는 여러 장면이나 이야기를 말해요. 꿈에서는 일상에서 겪었던 일들이 다시 나타나기도 하고, 현실에서는 경험할 수 없는 신기한 일들이 펼쳐지기도 해요. 꿈은 짧게 끝날 수도 있고, 길게 이어질 수도 있으며, 때로는 아주 생생하게 기억나기도 하고, 깨어나면 바로 잊히기도 해요. 꿈을 통해 우리는 다양한 감정과 상상을 경험할 수 있어요.

[관련 한자어]

환상(幻想)   상징(象徵)   소망(所望)   악몽(惡夢)

[관련 한자 성어]

동상이몽(同床異夢)   일장춘몽(一場春夢)   비몽사몽(非夢似夢)

한자어 학습

1 주어진 한자어와 영어 단어를 알맞게 연결하시오.

한자어 (음/뜻)			영어 단어
幻 (환/헛보일)	•	•	thought
想 (상/생각)	•	•	shape
象 (상/모양)	•	•	illusional
徵 (징/부를)	•	•	way
所 (소/바)	•	•	call
望 (망/바랄)	•	•	evil
惡 (악/악할)	•	•	hope
夢 (몽/꿈)	•	•	dream

※ 바 : 일의 방법이나 방도

2 한자와 뜻이 같도록 빈칸에 알맞은 주어진 영단어를 넣으시오.

> symbol   wish   nightmare   illusion

환상(幻想) : 환(幻) + 상(想) = 환상 (   )

상징(象徵) : 상(象) + 징(徵) = 상징 (   )

소망(所望) : 소(所) + 망(望) = 소망 (   )

악몽(惡夢) : 악(惡) + 몽(夢) = 악몽 (   )

한자 성어 학습

1 주어진 한자 성어와 영어(우리말) 설명이 맞도록 연결하시오.

한자 성어   영어(우리말) 설명

동상이몽(同床異夢)   •

• half-dreaming, half-awake state
반쯤 꿈꾸고 반쯤 깨어있는 상태

일장춘몽(一場春夢)   •

• same situation, different thoughts
같은 상황에서 서로 다른 생각

비몽사몽(非夢似夢)   •

• a short, sweet, but passing dream
짧고 달콤하지만 지나가는 꿈

2 주어진 내용에 맞는 한자 성어를 빈칸에 알맞게 넣으시오. (한글만 작성)

동상이몽(同床異夢)　　일장춘몽(一場春夢)　　비몽사몽(非夢似夢)

1. 민호와 준호는 같은 팀인데 서로 생각이 달라요. (　　　　　　　)

→ Minho and Junho are on the same team but think differently.

2. 지훈이는 잠이 덜 깨서 꿈을 꾸는 것 같기도 해요. (　　　　　　　)

→ Jihoon isn't fully awake and feels like he's still dreaming.

3. 수지는 좋은 꿈을 꾸었지만, 깨자 모두 사라졌어요. (　　　　　　　)

→ Suji had a nice dream, but it disappeared when she woke up.

한자어 정답

1

幻 (환/헛보일) ——— illusional

想 (상/생각) ——— shape

象 (상/모양) ——— thought

徵 (징/부를) ——— call

所 (소/바) ——— way

望 (망/바랄) ——— hope

惡 (악/악할) ——— evil

夢 (몽/꿈) ——— dream

2

환상(幻想) : 환(幻) + 상(想) = 환상 (illusion)

상징(象徵) : 상(象) + 징(徵) = 상징 (symbol)

소망(所望) : 소(所) + 망(望) = 소망 (wish)

악몽(惡夢) : 악(惡) + 몽(夢) = 악몽 (nightmare)

한자 성어 정답

1

동상이몽(同床異夢) ——— same situation, different thoughts
같은 상황에서 서로 다른 생각

일장춘몽(一場春夢) ——— a short, sweet, but passing dream
짧고 달콤하지만 지나가는 꿈

비몽사몽(非夢似夢) ——— half-dreaming, half-awake state
반쯤 꿈꾸고 반쯤 깨어있는 상태

2 1. 동상이몽   2. 비몽사몽   3. 일장춘몽

51 식습관(Diet)

식습관(食習慣)이란 우리가 음식을 먹는 방식과 관련된 습관을 말해요. 식습관에는 어떤 음식을 먹고, 어떻게 먹고, 언제 먹는지가 포함돼요. 좋은 식습관을 통해 우리는 건강을 유지할 수 있고, 필요한 영양소를 균형 있게 섭취할 수 있어요. 식습관은 사람마다 다를 수 있고, 나라나 지역에 따라 독특한 식문화가 나타나기도 해요. 식습관을 잘 지키는 것은 건강에 중요하고, 다양한 음식을 경험하며 즐거움을 느끼는 방법이에요.

[관련 한자어]
편식(偏食) 공복(空腹) 포만(飽滿) 구미(口味)

[관련 한자 성어]
자린고비(玼吝考妣) 삼순구식(三旬九食) 식불이미(食不二味)

한자어 학습

1 주어진 한자어와 영어 단어를 알맞게 연결하시오.

한자어 (음/뜻)		영어 단어
偏 (편/치우칠)	•	• rice
食 (식/밥)	•	• empty
空 (공/빌)	•	• lean
腹 (복/배)	•	• full
飽 (포/배부를)	•	• full, abundant
滿 (만/찰, 풍부할)	•	• stomach
口 (구/입)	•	• taste
味 (미/맛)	•	• mouth

2 한자와 뜻이 같도록 빈칸에 알맞은 주어진 영단어를 넣으시오.

> appetite   feeling full   picky eating   empty stomach

편식(偏食) : 편(偏) + 식(食) = 편식 (   )

공복(空腹) : 공(空) + 복(腹) = 공복 (   )

포만(飽滿) : 포(飽) + 만(滿) = 포만 (   )

구미(口味) : 구(口) + 미(味) = 구미 (   )

한자 성어 학습

1 주어진 한자 성어와 영어(우리말) 설명이 맞도록 연결하시오.

한자 성어	영어(우리말) 설명

자린고비(玼吝考妣) •

삼순구식(三旬九食) •

식불이미(食不二味) •

• saving way of eating with only one simple flavor
한 가지 맛으로만 식사하는 절약하는 식사 방식

• enduring hardship to save every penny
모든 돈을 아끼기 위해 고난을 견딤

• going without food for days due to being poor
가난으로 며칠씩 끼니를 거름

2 주어진 내용에 맞는 한자 성어를 빈칸에 알맞게 넣으시오. (한글만 작성)

> 자린고비(玼吝考妣)　삼순구식(三旬九食)　식불이미(食不二味)

1. 지원이는 언제나 한 가지 반찬으로 간단하게 식사해요. (　　　　　　　　)
→ Jiwon always eats simply with only one side dish.

2. 수현이는 돈을 아끼려고 꼭 필요한 것만 사요. (　　　　　　　　)
→ Suhyun only buys what she needs to save money.

3. 지아네 집은 너무 어려워서 며칠 동안 끼니를 거를 때도 있어요. (　　　　　　　　)
→ Jia's family is so poor that they sometimes skip meals for days.

한자어 정답

①

偏 (편/치우칠)   rice

食 (식/밥)   empty

空 (공/빌)   lean

腹 (복/배)   full

飽 (포/배부를)   full, abundant

滿 (만/찰, 풍부할)   stomach

口 (구/입)   taste

味 (미/맛)   mouth

②

편식(偏食) : 편(偏) + 식(食) = 편식 (picky eating)

공복(空腹) : 공(空) + 복(腹) = 공복 (empty stomach)

포만(飽滿) : 포(飽) + 만(滿) = 포만 (feeling full)

구미(口味) : 구(口) + 미(味) = 구미 (appetite)

한자 성어 정답

①

자린고비(玼吝考妣)   saving way of eating with only one simple flavor
한 가지 맛으로만 식사하는 절약하는 식사 방식

삼순구식(三旬九食)   enduring hardship to save every penny
모든 돈을 아끼기 위해 고난을 견딤

식불이미(食不二味)   going without food for days due to being poor
가난으로 며칠씩 끼니를 거름

②   1. 식불이미   2. 자린고비   3. 삼순구식

52 정신 건강(Mental Health)

정신 건강(精神健康)이란 우리의 마음과 생각이 건강하고 안정된 상태를 말해요. 정신 건강이 좋으면 스트레스를 잘 관리하고, 긍정적인 감정을 느끼며, 어려운 상황에서도 침착하게 대처할 수 있어요. 정신 건강은 일상 속 작은 습관으로도 지킬 수 있어요. 예를 들어, 충분한 휴식을 취하거나 운동을 하고, 취미 활동을 통해 마음을 돌볼 수 있지요. 정신 건강을 잘 유지하면 자신을 더 깊이 이해할 수 있고, 다른 사람과의 관계도 원활하게 유지할 수 있어요.

[관련 한자어]

불안(不安)   심리(心理)   명상(冥想)   정신(精神)

[관련 한자 성어]

수신제가(修身齊家)   안심입명(安心立命)   의기소침(意氣銷沈)

1 주어진 한자어와 영어 단어를 알맞게 연결하시오.

한자어 (음/뜻)			영어 단어
不 (불/아닐)	•	•	govern
安 (안/편안할)	•	•	ghost, spirit
心 (심/마음, 생각)	•	•	not
理 (리/다스릴)	•	•	dark
冥 (명/어두울)	•	•	comfortable
想 (상/생각)	•	•	thought
精 (정/정할)	•	•	heart, mind
神 (신/귀신, 정신)	•	•	fine

※ 정하다 : 정성을 들여서 거칠지 아니하고 매우 곱다.

2 한자와 뜻이 같도록 빈칸에 알맞은 주어진 영단어를 넣으시오.

> psychology   spirit   meditation   anxiety

불안(不安) : 불(不) + 안(安) = 불안 (   )

심리(心理) : 심(心) + 리(理) = 심리 (   )

명상(冥想) : 명(冥) + 상(想) = 명상 (   )

정신(精神) : 정(精) + 신(神) = 정신 (   )

한자 성어 학습

1 주어진 한자 성어와 영어(우리말) 설명이 맞도록 연결하시오.

한자 성어	영어(우리말) 설명

수신제가(修身齊家)　•

안심입명(安心立命)　•

의기소침(意氣銷沈)　•

•　losing spirit and feeling down
　정신을 잃고 기분이 가라앉음

•　cultivating oneself to bring harmony at home
　스스로를 갈고 닦아 가정의 화목을 이끔

•　realizing life's purpose and finding inner peace
　인생의 목적을 깨닫고 내면의 평화를 찾음

2 주어진 내용에 맞는 한자 성어를 빈칸에 알맞게 넣으시오. (한글만 작성)

> 수신제가(修身齊家)　안심입명(安心立命)　의기소침(意氣銷沈)

1. 지연이는 마음이 편안해지면서 운명을 받아들이게 되었어요. (　　　　　　)

→ Jiyeon found peace in her heart and accepted her fate.

2. 수현이는 열심히 자신을 갈고닦으며 가정을 잘 이끌려고 해요. (　　　　　　)

→ Suhyun works hard on herself and strive to lead her family well.

3. 서연이는 실수 후에 기운이 쭉 빠졌어요. (　　　　　　)

→ Seoyeon felt down after making a mistake.

한자어 정답

1

不 (불/아닐)
安 (안/편안할)
心 (심/마음, 생각)
理 (리/다스릴)
冥 (명/어두울)
想 (상/생각)
精 (정/정할)
神 (신/귀신, 정신)

govern
ghost, spirit
not
dark
comfortable
thought
heart, mind
fine

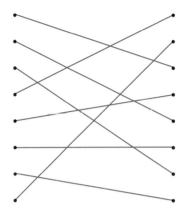

2 불안(不安) : 불(不) + 안(安) = 불안 (anxiety)

심리(心理) : 심(心) + 리(理) = 심리 (psychology)

명상(冥想) : 명(冥) + 상(想) = 명상 (meditation)

정신(精神) : 정(精) + 신(神) = 정신 (spirit)

한자 성어 정답

1

수신제가(修身齊家)

안심입명(安心立命)

의기소침(意氣銷沈)

losing spirit and feeling down
정신을 잃고 기분이 가라앉음

cultivating oneself to bring harmony at home
스스로를 갈고 닦아 가정의 화목을 이끎

realizing life's purpose and finding inner peace
인생의 목적을 깨닫고 내면의 평화를 찾음

2 1. 안심입명   2. 수신제가   3. 의기소침

53 휴식(Rest)

휴식(休息)이란 몸과 마음을 편안하게 하며 피로를 푸는 시간을 말해요. 휴식을 통해 우리는 에너지를 회복하고, 일상에서 쌓인 스트레스를 줄일 수 있어요. 휴식은 잠시 앉아 쉬는 것부터 가벼운 산책을 하거나, 좋아하는 일을 하며 즐거움을 느끼는 것까지 다양한 방법으로 할 수 있어요. 휴식은 집에서도 할 수 있고, 자연 속에서나 여행을 통해서도 가능해요. 충분한 휴식은 건강에 도움이 되고, 다시 활기차게 생활할 수 있는 힘을 줘요.

[관련 한자어]

한가(閑暇)   안식(安息)   휴양(休養)   치유(治癒)

[관련 한자 성어]

안온무사(安穩無事)   고침안면(高枕安眠)   여유만만(餘裕滿滿)

한자어 학습

1 주어진 한자어와 영어 단어를 알맞게 연결하시오.

한자어 (음/뜻)		영어 단어
閑 (한/한가할)	•	• govern
暇 (가/틈)	•	• cure
安 (안/편안할)	•	• free
息 (식/쉴)	•	• spare
休 (휴/쉴, 따뜻하게 할)	•	• comfortable
養 (양/기를)	•	• rest
治 (치/다스릴)	•	• rest, warm
癒 (유/병 나을)	•	• raise

2 한자와 뜻이 같도록 빈칸에 알맞은 주어진 영단어를 넣으시오.

> healing   rest   leisure   vacation

한가(閑暇) : 한(閑) + 가(暇) = 한가 (   )

안식(安息) : 안(安) + 식(息) = 안식 (   )

휴양(休養) : 휴(休) + 양(養) = 휴양 (   )

치유(治癒) : 치(治) + 유(癒) = 치유 (   )

한자 성어 학습

1 주어진 한자 성어와 영어(우리말) 설명이 맞도록 연결하시오.

한자 성어	영어(우리말) 설명

안온무사(安穩無事)   •

•   sleeping peacefully with one's head at ease
머리를 편히 두고 평화롭게 잠듦

고침안면(高枕安眠)   •

•   full of relaxation and ease
여유와 편안함이 가득한

여유만만(餘裕滿滿)   •

•   safe and calm with nothing troubling
문제 없이 안전하고 평온한

2 주어진 내용에 맞는 한자 성어를 빈칸에 알맞게 넣으시오. (한글만 작성)

안온무사(安穩無事)　　고침안면(高枕安眠)　　여유만만(餘裕滿滿)

1. 서준이는 모든 일이 잘 풀려서 편안함을 느껴요. (　　　　　　　　)
→ Seojun feels relaxed because everything is going well.

2. 지수는 걱정 없이 편안한 하루를 보내며 기분이 좋아요. (　　　　　　　　)
→ Jisoo is feeling good, spending a relaxing day without any worries.

3. 은지는 숙제를 다 끝내고 마음 편히 잠을 잘 거예요. (　　　　　　　　)
→ Eunji will sleep peacefully after finishing her homework.

1

閑 (한/한가할)	govern
暇 (가/틈)	cure
安 (안/편안할)	free
息 (식/쉴)	spare
休 (휴/쉴, 따뜻하게 할)	comfortable
養 (양/기를)	rest
治 (치/다스릴)	rest, warm
癒 (유/병 나을)	raise

2 한가(閑暇) : 한(閑) + 가(暇) = 한가 (leisure)

안식(安息) : 안(安) + 식(息) = 안식 (rest)

휴양(休養) : 휴(休) + 양(養) = 휴양 (vacation)

치유(治癒) : 치(治) + 유(癒) = 치유 (healing)

한자 성어 정답

1

안온무사(安穩無事) — safe and calm with nothing troubling
문제 없이 안전하고 평온한

고침안면(高枕安眠) — sleeping peacefully with one's head at ease
머리를 편히 두고 평화롭게 잠듦

여유만만(餘裕滿滿) — full of relaxation and ease
여유와 편안함이 가득한

2 1. 여유만만   2. 안온무사   3. 고침안면

54 병(Illness)

병(病)이란 몸이나 마음이 건강하지 않고 불편한 상태를 말해요. 병에 걸리면 우리가 평소처럼 활동하거나 생활하기 어려워지고, 때로는 의사의 도움이나 약이 필요할 수 있어요. 병은 몸의 일부분이 아프거나 마음이 힘들 때 나타나며, 감기처럼 쉽게 낫는 병도 있고, 오랜 치료가 필요한 병도 있어요. 병을 예방하려면 규칙적인 생활과 균형 잡힌 식사를 하는 것이 중요해요. 병을 잘 관리하고 치료하면 건강을 유지하고 더 행복하게 생활할 수 있어요.

[관련 한자어]

예방(豫防)   진단(診斷)   전염(傳染)   질환(疾患)

[관련 한자 성어]

생로병사(生老病死)   무병장수(無病長壽)   동병상련(同病相憐)

한자어 학습

1 주어진 한자어와 영어 단어를 알맞게 연결하시오.

한자어 (음/뜻)			영어 단어
豫 (예/미리)	•	•	dye, contagious
防 (방/막을)	•	•	examine
診 (진/진찰할)	•	•	prevent
斷 (단/끊을)	•	•	cut
傳 (전/전할)	•	•	beforehand
染 (염/물들, 전염될)	•	•	disease
疾 (질/병)	•	•	worry
患 (환/근심)	•	•	deliver

2 한자와 뜻이 같도록 빈칸에 알맞은 주어진 영단어를 넣으시오.

> infection   diagnosis   prevention   disease

예방(豫防) : 예(豫) + 방(防) = 예방 (   )

진단(診斷) : 진(診) + 단(斷) = 진단 (   )

전염(傳染) : 전(傳) + 염(染) = 전염 (   )

질환(疾患) : 질(疾) + 환(患) = 질환 (   )

한자 성어 학습

1 주어진 한자 성어와 영어(우리말) 설명이 맞도록 연결하시오.

한자 성어	영어(우리말) 설명

생로병사(生老病死) •

무병장수(無病長壽) •

동병상련(同病相憐) •

• the natural cycle of birth, aging, illness, and death
태어남과 늙음, 병듦과 죽음의 자연스러운 순환

• understanding among people with similar hardships
비슷한 어려움을 가진 사람들끼리 서로를 이해함

• health and longevity without illness
병 없이 건강하게 오래 삶

2 주어진 내용에 맞는 한자 성어를 빈칸에 알맞게 넣으시오. (한글만 작성)

생로병사(生老病死) 무병장수(無病長壽) 동병상련(同病相憐)

1. 친구도 저처럼 힘든 상황이라 서로를 이해하고 위로해요. (   )

→ My friend is in a tough situation like me so we understand and comfort each other.

2. 우리 할머니는 아프지 않고 오래 살기를 바라고 있어요. (   )

→ My grandma wishes to live long without getting sick.

3. 사람은 태어나고 늙고 병이 들고 죽는 게 자연스러운 일이에요. (   )

→ It's natural for people to be born, age, get sick, and pass away.

1

豫 (예/미리) ──────────── dye, contagious
防 (방/막을) ──────────── examine
診 (진/진찰할) ──────────── prevent
斷 (단/끊을) ──────────── cut
傳 (진/전할) ──────────── beforehand
染 (염/물들, 전염될) ──────────── disease
疾 (질/병) ──────────── worry
患 (환/근심) ──────────── deliver

2

예방(豫防) : 예(豫) + 방(防) = 예방 (prevention)

진단(診斷) : 진(診) + 단(斷) = 진단 (diagnosis)

전염(傳染) : 전(傳) + 염(染) = 전염 (infection)

질환(疾患) : 질(疾) + 환(患) = 질환 (disease)

한자 성어 정답

1

생로병사(生老病死) ──────── the natural cycle of birth, aging, illness, and death
태어남과 늙음, 병듦과 죽음의 자연스러운 순환

무병장수(無病長壽) ──────── understanding among people with similar hardships
비슷한 어려움을 가진 사람들끼리 서로를 이해함

동병상련(同病相憐) ──────── health and longevity without illness
병 없이 건강하게 오래 삶

2 1. 동병상련   2. 무병장수   3. 생로병사

55 치료(Treatment)

치료(治療)란 아픈 몸이나 마음을 회복하고 건강을 되찾는 과정을 말해요. 치료를 통해 우리는 병이나 상처를 낫게 하고, 다시 일상으로 돌아갈 힘을 얻을 수 있어요. 치료는 의사의 도움이나 약을 통해 받을 수 있으며, 휴식과 운동, 마음의 안정을 통해 스스로 진행할 수도 있어요. 가까운 병원에서 치료를 받을 수도 있고, 필요에 따라 전문적인 시설을 이용하기도 해요. 치료를 잘 받으면 건강을 유지하고 더 나은 삶을 살아가는 데 큰 도움이 돼요.

[관련 한자어]

완치(完治)   회복(回復)   투약(投藥)   재활(再活)

[관련 한자 성어]

백약무효(百藥無效)   만병통치(萬病通治)   양약고구(良藥苦口)

한자어 학습

1 주어진 한자어와 영어 단어를 알맞게 연결하시오.

한자어 (음/뜻)		영어 단어
完 (완/완전할)	•	• recover
治 (치/다스릴)	•	• complete
回 (회/돌아올)	•	• throw
復 (복/회복할)	•	• two, again
投 (투/던질)	•	• govern
藥 (약/약)	•	• medicine
再 (재/두, 다시)	•	• live
活 (활/살)	•	• return

2 한자와 뜻이 같도록 빈칸에 알맞은 주어진 영단어를 넣으시오.

recovery   rehabilitation   full recovery   medication

완치(完治) : 완(完) + 치(治) = 완치 (   )

회복(回復) : 회(回) + 복(復) = 회복 (   )

투약(投藥) : 투(投) + 약(藥) = 투약 (   )

재활(再活) : 재(再) + 활(活) = 재활 (   )

한자 성어 **학습**

1 주어진 한자 성어와 영어(우리말) 설명이 맞도록 연결하시오.

한자 성어	영어(우리말) 설명

백약무효(百藥無效) •

만병통치(萬病通治) •

양약고구(良藥苦口) •

• Good medicine tastes bitter.
좋은 약은 입에 쓰다.

• a cure-all that heals any illness
모든 병을 고치는 만능 약

• No medicine works.
어떤 약도 효과가 없다.

2 주어진 내용에 맞는 한자 성어를 빈칸에 알맞게 넣으시오. (한글만 작성)

> 백약무효(百藥無效)　만병통치(萬病通治)　양약고구(良藥苦口)

1. 민준이는 어떤 약을 먹어도 병이 낫지 않아요. (　　　　　　　)

→ Minjun's illness doesn't get better no matter what medicine he takes.

2. 지우는 몸에 좋은 약이지만 써서 먹기 싫어해요. (　　　　　　　)

→ Jiwoo doesn't like the medicine because it's good for her but tastes bitter.

3. 수지는 모든 병에 잘 듣는 만능 약을 찾고 있어요. (　　　　　　　)

→ Suji is looking for a cure-all that works for every illness.

한자어 정답

1

完 (완/완전할) — complete
治 (치/다스릴) — govern
回 (회/돌아올) — return
復 (복/회복할) — recover
投 (투/딘질) — throw
藥 (약/약) — medicine
再 (재/두, 다시) — two, again
活 (활/살) — live

2 완치(完治) : 완(完) + 치(治) = 완치 (full recovery)

회복(回復) : 회(回) + 복(復) = 회복 (recovery)

투약(投藥) : 투(投) + 약(藥) = 투약 (medication)

재활(再活) : 재(再) + 활(活) = 재활 (rehabilitation)

한자 성어 정답

1

백약무효(百藥無效) — No medicine works.
어떤 약도 효과가 없다.

만병통치(萬病通治) — a cure-all that heals any illness
모든 병을 고치는 만능 약

양약고구(良藥苦口) — Good medicine tastes bitter.
좋은 약은 입에 쓰다.

2 1. 백약무효   2. 양약고구   3. 만병통치

56 그림 (Painting)

그림(繪畫)이란 색과 선을 사용하여 형태와 이미지를 표현하는 시각 예술을 말해요. 그림을 통해 우리는 다양한 생각과 감정을 표현하고, 보는 사람에게 메시지를 전달할 수 있어요. 풍경, 사람, 동물, 상상 속 장면 등 무엇이든 그림으로 그릴 수 있어요. 종이에 연필로 그리거나, 캔버스에 물감을 칠하거나, 디지털 기기를 활용해 그림을 그릴 수도 있어요. 그림은 우리의 창의력을 키워주고, 세상을 더 다채롭고 새로운 시작으로 바라볼 수 있게 해 줘요.

[관련 한자어]

묘사(描寫)   감상(鑑賞)   초안(草案)   채색(彩色)

[관련 한자 성어]

화중지병(畫中之餠)   기운생동(氣韻生動)   화사첨족(畫蛇添足)

한자어 학습

1 주어진 한자어와 영어 단어를 알맞게 연결하시오.

한자어 (음/뜻)		영어 단어
描 (묘/그릴)	•	• desk, thought
寫 (사/베낄)	•	• draw
鑑 (감/거울)	•	• light, color
賞 (상/상줄)	•	• grass, draft
草 (초/풀, 초고)	•	• color
案 (안/책상, 생각)	•	• copy
彩 (채/채색)	•	• give a prize
色 (색/빛, 색)	•	• mirror

2 한자와 뜻이 같도록 빈칸에 알맞은 주어진 영단어를 넣으시오.

coloring   appreciation   draft   description

묘사(描寫) : 묘(描) + 사(寫) = 묘사 (   )

감상(鑑賞) : 감(鑑) + 상(賞) = 감상 (   )

초안(草案) : 초(草) + 안(案) = 초안 (   )

채색(彩色) : 채(彩) + 색(色) = 채색 (   )

한자 성어 학습

1 주어진 한자 성어와 영어(우리말) 설명이 맞도록 연결하시오.

한자 성어	영어(우리말) 설명

화중지병(畵中之餠) •

기운생동(氣韻生動) •

화사첨족(畵蛇添足) •

• filled with life and energy
생명과 에너지로 가득 참

• unnecessary addition that ruins the original
원래 것을 망치는 불필요한 추가

• only to be seen, like a pie in the sky
하늘에 있는 파이처럼 바라만 볼 수 있음

2 주어진 내용에 맞는 한자 성어를 빈칸에 알맞게 넣으시오. (한글만 작성)

> 화중지병(畵中之餠) 기운생동(氣韻生動) 화사첨족(畵蛇添足)

1. 지수는 이미 예쁜 그림에 불필요한 선을 더 그렸어요. (   )

→ Jisoo added unnecessary lines to an already pretty drawing.

2. 형준이는 멋진 장난감을 보고 있지만 가질 수 없어요. (   )

→ Hyungjun is looking at a cool toy but he can't have it.

3. 수빈이가 그린 그림은 생동감이 넘쳐요! (   )

→ Subin's drawing is full of life!

한자어 정답 ～～～～～～～～～

1

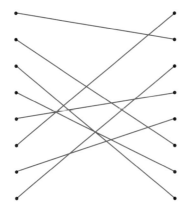

描 (묘/그릴)   desk, thought

寫 (사/베낄)   draw

鑑 (감/거울)   light, color

賞 (상/상줄)   grass, draft

草 (초/풀, 소고)   color

案 (안/책상, 생각)   copy

彩 (채/채색)   give a prize

色 (색/빛, 색)   mirror

2

묘사(描寫) : 묘(描) + 사(寫) = 묘사 (description)

감상(鑑賞) : 감(鑑) + 상(賞) = 감상 (appreciation)

초안(草案) : 초(草) + 안(案) = 초안 (draft)

채색(彩色) : 채(彩) + 색(色) = 채색 (coloring)

한자 성어 정답 ～～～～～～～～～

1

화중지병(畫中之餠)   filled with life and energy
생명과 에너지로 가득 참

기운생동(氣韻生動)   unnecessary addition that ruins the original
원래 것을 망치는 불필요한 추가

화사첨족(畫蛇添足)   only to be seen, like a pie in the sky
하늘에 있는 파이처럼 바라만 볼 수 있음

2   1. 화사첨족   2. 화중지병   3. 기운생동

57 사진(Photography)

사진(寫眞)이란 카메라를 사용하여 순간의 모습이나 장면을 기록하는 시각 예술을 말해요. 사진을 통해 우리는 아름다운 풍경을 담고 사람들의 모습을 기억하며, 특별한 순간을 간직할 수 있어요. 사진은 여행 중에 찍을 수도 있고, 일상 속 소중한 순간을 기록하는 데에도 쓰여요. 사진을 찍는 과정에서는 구도와 빛을 고려하며, 다양한 감정과 이야기를 표현할 수 있어요. 사진은 우리의 기억을 생생하게 남기고, 다른 사람들과 경험을 나누는 데 도움을 줘요.

[관련 한자어]

현상(現像)   촬영(撮影)   인물(人物)   풍경(風景)

[관련 한자 성어]

영원불멸(永遠不滅)   순진무구(純眞無垢)   형영상동(形影相同)

한자어 학습

1 주어진 한자어와 영어 단어를 알맞게 연결하시오.

한자어 (음/뜻)	영어 단어
現 (현/나타날) •	• take a photo
像 (상/모양) •	• person
撮 (촬/사진 찍을) •	• shadow
影 (영/그림자) •	• sunlight
人 (인/사람) •	• appear
物 (물/물건) •	• thing
風 (풍/바람) •	• wind
景 (경/볕) •	• shape

2 한자와 뜻이 같도록 빈칸에 알맞은 주어진 영단어를 넣으시오.

> developing   figure   shooting   scenery

현상(現象) : 현(現) + 상(象) = 현상 (   )

촬영(撮影) : 촬(撮) + 영(影) = 촬영 (   )

인물(人物) : 인(人) + 물(物) = 인물 (   )

풍경(風景) : 풍(風) + 경(景) = 풍경 (   )

한자 성어 학습

1 주어진 한자 성어와 영어(우리말) 설명이 맞도록 연결하시오.

한자 성어	영어(우리말) 설명

영원불멸(永遠不滅) •

순진무구(純眞無垢) •

형영상동(形影相同) •

• pure and without flaw
순수하고 흠이 없는

• Actions show true feelings.
행동이 진정한 감정을 보여준다.

• eternal and never-ending
영원하고 끝나지 않는

2 주어진 내용에 맞는 한자 성어를 빈칸에 알맞게 넣으시오. (한글만 작성)

영원불멸(永遠不滅)　순진무구(純眞無垢)　형영상동(形影相同)

1. 민준이는 생각한 대로 행동하는 솔직한 친구예요. (　　　　　　　)

→ Minjun is an honest friend who acts just as he thinks.

2. 민우는 순수하고 거짓 없는 마음을 가지고 있어요. (　　　　　　　)

→ Minwoo has a pure and honest heart.

3. 그 오래된 나무는 언제나 그 자리에 있을 것 같아요. (　　　　　　　)

→ That old tree seems like it will be there forever.

한자어 정답

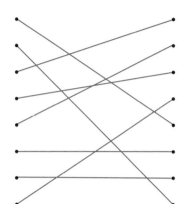

1

現 (현/나타날) ——— appear
像 (상/모양) ——— shape
撮 (촬/사진 찍을) ——— take a photo
影 (영/그림자) ——— shadow
人 (인/사람) ——— person
物 (물/물건) ——— thing
風 (풍/바람) ——— wind
景 (경/볕) ——— sunlight

2 현상(現象) : 현(現) + 상(象) = 현상 (developing)

촬영(撮影) : 촬(撮) + 영(影) = 촬영 (shooting)

인물(人物) : 인(人) + 물(物) = 인물 (figure)

풍경(風景) : 풍(風) + 경(景) = 풍경 (scenery)

한자 성어 정답

1

영원불멸(永遠不滅) ——— Actions show true feelings.
행동이 진정한 감정을 보여준다.

순진무구(純眞無垢) ——— eternal and never-ending
영원하고 끝나지 않는

형영상동(形影相同) ——— pure and without flaw
순수하고 흠이 없는

2 1. 형영상동   2. 순진무구   3. 영원불멸

58 공연(Performance)

공연(公演)이란 무대에서 배우나 가수가 노래, 연기, 춤 등을 통해 관객에게 즐거움과 감동을 주는 예술 활동을 말해요. 공연을 통해 우리는 다양한 이야기를 보고, 음악과 춤을 즐기며, 예술가들의 창의적인 표현을 감상할 수 있어요. 공연은 작은 극장이나 큰 콘서트홀 등 다양한 장소에서 이루어질 수 있고, 야외에서 열리기도 해요. 공연은 우리에게 새로운 경험을 선사하며 다른 사람들과 감동을 함께 나누는 소중한 시간을 만들어줘요.

[관련 한자어]

무대(舞臺)　배우(俳優)　연극(演劇)　관객(觀客)

[관련 한자 성어]

명불허전(名不虛傳)　유종지미(有終之美)　만장일치(滿場一致)

한자어 학습

1 주어진 한자어와 영어 단어를 알맞게 연결하시오.

한자어 (음/뜻)	영어 단어
舞 (무/춤출) •	• enough, excellent
臺 (대/대) •	• severe, play
俳 (배/배우) •	• see
優 (우/넉넉할, 뛰어날) •	• dance
演 (연/펼, 연기할) •	• spread, perform
劇 (극/심할, 연극) •	• stage
觀 (관/볼) •	• guest
客 (객/손) •	• actor

2 한자와 뜻이 같도록 빈칸에 알맞은 주어진 영단어를 넣으시오.

actor stage play audience

무대(舞臺) : 무(舞) + 대(臺) = 무대 (   )

배우(俳優) : 배(俳) + 우(優) = 배우 (   )

연극(演劇) : 연(演) + 극(劇) = 연극 (   )

관객(觀客) : 관(觀) + 객(客) = 관객 (   )

한자 성어 **학습**

1 주어진 한자 성어와 영어(우리말) 설명이 맞도록 연결하시오.

한자 성어   영어(우리말) 설명

명불허전(名不虛傳)   •

                   • Everyone agrees.
                      모두가 동의한다.

유종지미(有終之美)   •

                   • reputation truly deserved
                      진정으로 가질 만한 명성

만장일치(滿場一致)   •

                   • a beautiful finish
                      아름다운 마무리

2 주어진 내용에 맞는 한자 성어를 빈칸에 알맞게 넣으시오. (한글만 작성)

> 명불허전(名不虛傳)   유종지미(有終之美)   만장일치(滿場一致)

1. 친구들이 모두 같은 의견에 동의했어요. (   )

→ All friends agreed on the same opinion.

2. 그 책은 정말 소문대로 재미있었어요! (   )

→ The book was truly as good as the rumors!

3. 은수는 끝까지 열심히 해서 잘 마무리했어요. (   )

→ Eunsoo worked hard until the end and finished well.

한자어 정답

1

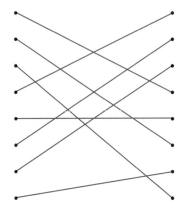

舞 (무/춤출)   enough, excellent

臺 (대/대)   severe, play

俳 (배/배우)   see

優 (우/넉넉할, 뛰어날)   dance

演 (연/펼, 연기할)   spread, perform

劇 (극/심할, 연극)   stage

觀 (관/볼)   guest

客 (객/손)   actor

2 무대(舞臺) : 무(舞) + 대(臺) = 무대 (stage)

배우(俳優) : 배(俳) + 우(優) = 배우 (actor)

연극(演劇) : 연(演) + 극(劇) = 연극 (play)

관객(觀客) : 관(觀) + 객(客) = 관객 (audience)

한자 성어 정답

1 명불허전(名不虛傳)   Everyone agrees.
모두가 동의한다.

유종지미(有終之美)   reputation truly deserved
진정으로 가질 만한 명성

만장일치(滿場一致)   a beautiful finish
아름다운 마무리

2 1. 만장일치   2. 명불허전   3. 유종지미

59 조각(Sculpture)

조각(彫刻)이란 돌, 나무, 금속 등을 깎거나 다듬어 형태를 만들어 내는 예술을 말해요. 조각을 통해 우리는 사람, 동물, 자연 등 다양한 모습을 입체적으로 표현할 수 있어요. 조각 작품은 박물관이나 공원 같은 곳에 전시되며, 작품을 감상하는 사람들에게 깊은 인상을 줘요. 조각은 크기가 작아 손에 들 수 있는 것도 있고, 아주 커서 야외에 설치하는 작품도 있어요. 조각은 우리의 상상력을 자극하고, 사물을 새로운 시각으로 바라보게 도와줘요.

[관련 한자어]

각인(刻印)   형상(形象)   석조(石彫)   파편(破片)

[관련 한자 성어]

각주구검(刻舟求劍)   각골난망(刻骨難忘)   일편단심(一片丹心)

한자어 학습

1 주어진 한자어와 영어 단어를 알맞게 연결하시오.

한자어 (음/뜻)	영어 단어
刻 (각/새길) •	• carve
印 (인/도장) •	• shape, face
形 (형/모양, 얼굴) •	• stamp
狀 (상/형상) •	• carve, decorate
石 (석/돌) •	• shape
彫 (조/새길, 꾸밀) •	• stone
破 (파/깨뜨릴) •	• piece
片 (편/조각) •	• break

2 한자와 뜻이 같도록 빈칸에 알맞은 주어진 영단어를 넣으시오.

fragment   carving   shape   stone carving

각인(刻印) : 각(刻) + 인(印) = 각인 (   )

형상(形象) : 형(形) + 상(象) = 형상 (   )

석조(石彫) : 석(石) + 조(彫) = 석조 (   )

파편(破片) : 파(破) + 편(片) = 파편 (   )

한자 성어 학습

1 주어진 한자 성어와 영어(우리말) 설명이 맞도록 연결하시오.

한자 성어	영어(우리말) 설명

각주구검(刻舟求劍)　•

각골난망(刻骨難忘)　•

일편단심(一片丹心)　•

•　sticking to old ways
　옛 방식을 고집함

•　true, unchanging heart
　진실되고 변하지 않는 마음

•　unforgettable thanks
　잊을 수 없는 고마움

2 주어진 내용에 맞는 한자 성어를 빈칸에 알맞게 넣으시오. (한글만 작성)

> 각주구검(刻舟求劍)　각골난망(刻骨難忘)　일편단심(一片丹心)

1. 지훈이는 친구가 힘들 때 도와준 것을 잊지 않겠다고 해요. (　　　　　　)

→ Jihoon says he won't forget his friend's help in tough times.

2. 혜진이는 몇 년이 지나도 같은 가수를 변함없이 좋아해요. (　　　　　　)

→ Hyejin has stayed loyal to the same singer for years.

3. 민수는 새 휴대폰을 샀어도 예전 기능만 쓰려고 해요. (　　　　　　)

→ Minsu uses only the old features even with a new phone.

한자어 정답

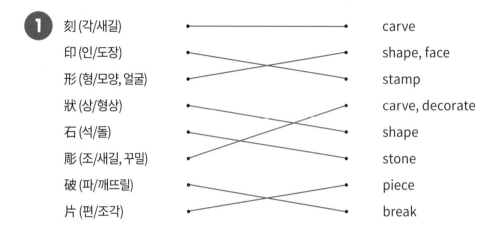

1

刻 (각/새길) ———————— carve

印 (인/도장) shape, face

形 (형/모양, 얼굴) stamp

狀 (상/형상) carve, decorate

石 (석/돌) shape

彫 (조/새길, 꾸밀) stone

破 (파/깨뜨릴) piece

片 (편/조각) break

2

각인(刻印) : 각(刻) + 인(印) = 각인 (carving)

형상(形象) : 형(形) + 상(象) = 형상 (shape)

석조(石彫) : 석(石) + 조(彫) = 석조 (stone carving)

파편(破片) : 파(破) + 편(片) = 파편 (fragment)

한자 성어 정답

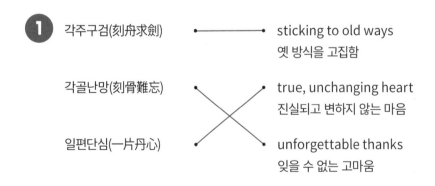

1

각주구검(刻舟求劍) ———————— sticking to old ways
옛 방식을 고집함

각골난망(刻骨難忘) true, unchanging heart
진실되고 변하지 않는 마음

일편단심(一片丹心) unforgettable thanks
잊을 수 없는 고마움

2 1. 각골난망 2. 일편단심 3. 각주구검

60 음악(Music)

음악(音樂)이란 소리와 리듬을 통해 감정을 표현하고 전달하는 예술을 말해요. 음악을 통해 우리는 기쁨, 슬픔, 설렘 등 다양한 감정을 느낄 수 있어요. 음악은 혼자서 즐길 수도 있고, 친구나 가족과 함께 들으며 감동을 나눌 수도 있어요. 노래, 악기 연주, 합창 등 여러 형태로 표현되는 음악은 일상에서 우리에게 즐거움을 주고, 때로는 위로가 되기도 하지요. 음악은 국경을 넘어 사람들을 하나로 연결하며, 서로의 문화를 이해하는 데에도 도움을 줘요.

[관련 한자어]
화음(和音) 합창(合唱) 연주(演奏) 선율(旋律)

[관련 한자 성어]
고성방가(高聲放歌) 격양지가(擊壤之歌) 치세지음(治世之音)

한자어 학습

1 주어진 한자어와 영어 단어를 알맞게 연결하시오.

한자어 (음/뜻)	영어 단어
和 (화/화할) •	• sing
音 (음/소리) •	• harmonious
合 (합/합할) •	• law
唱 (창/부를) •	• turn
演 (연/펼, 연기할) •	• sound
奏 (주/아뢸, 연주할) •	• tell, play
旋 (선/돌) •	• combine
律 (율/법칙) •	• spread, perform

2 한자와 뜻이 같도록 빈칸에 알맞은 주어진 영단어를 넣으시오.

> melody   harmony   performance   chorus

화음(和音) : 화(和) + 음(音) = 화음 (   )

합창(合唱) : 합(合) + 창(唱) = 합창 (   )

연주(演奏) : 연(演) + 주(奏) = 연주 (   )

선율(旋律) : 선(旋) + 율(律) = 선율 (   )

한자 성어 학습

1 주어진 한자 성어와 영어(우리말) 설명이 맞도록 연결하시오.

한자 성어   영어(우리말) 설명

고성방가(高聲放歌)   •   • music that symbolize peace and good
                                       leadership
                                       평화와 좋은 통치를 상징하는 음악

격양지가(擊壤之歌)   •   • loud talking and careless singing
                                       큰 소리로 떠들고 마구 노래 부름

치세지음(治世之音)   •   • songs of joy in times of abundance
                                       풍요로운 시절 기쁨의 노래

2 주어진 내용에 맞는 한자 성어를 빈칸에 알맞게 넣으시오. (한글만 작성)

고성방가(高聲放歌)   격양지가(擊壤之歌)   치세지음(治世之音)

1. 하은이는 친구들과 모여 큰 소리로 노래를 불러요. (   )

→ Haeun sings loudly with her friends.

2. 이 음악은 평화롭고 행복한 세상을 떠올리게 해요. (   )

→ This music reminds us of a peaceful and happy world.

3. 마을 사람들은 풍요로운 삶에 기쁨의 노래를 불렀어요. (   )

→ The villagers sang songs of joy for their rich lives.

한자어 정답

1

和 (화/화할) —— harmonious
音 (음/소리) —— sound
合 (합/합할) —— combine
唱 (창/부를) —— sing
演 (연/펼, 연기할) —— spread, perform
奏 (주/아뢸, 연주할) —— tell, play
旋 (선/돌) —— turn
律 (율/법칙) —— law

2 화음(和音) : 화(和) + 음(音) = 화음 (harmony)

합창(合唱) : 합(合) + 창(唱) = 합창 (chorus)

연주(演奏) : 연(演) + 주(奏) = 연주 (performance)

선율(旋律) : 선(旋) + 율(律) = 선율 (melody)

한자 성어 정답

1

고성방가(高聲放歌) —— loud talking and careless singing
큰 소리로 떠들고 마구 노래 부름

격양지가(擊壤之歌) —— music that symbolize peace and good leadership
평화와 좋은 통치를 상징하는 음악

치세지음(治世之音) —— songs of joy in times of abundance
풍요로운 시절 기쁨의 노래

2 1. 고성방가   2. 치세지음   3. 격양지가

문해력 쑥쑥 〔 어휘편 ❷ 〕

부록

㉛ 감정(Emotion)

애정(愛情) : 사랑하는 마음.

분노(憤怒) : 분개하여 몹시 성을 냄.

우울(憂鬱) : 근심스럽거나 답답하여 활기가 없음.

후회(後悔) : 이전의 잘못을 깨치고 뉘우침.

희노애락(喜怒哀樂) : 기쁨과 노여움과 슬픔과 즐거움을 아울러 이르는 말.

일희일비(一喜一悲) : 한편으로는 기뻐하고 한편으로는 슬퍼함.

감개무량(感慨無量) : 마음속에서 느끼는 감동이나 느낌이 끝이 없음. 또는 그 감동이나 느낌.

㉜ 사랑(Love)

애증(愛憎) : 사랑과 미움을 아울러 이르는 말.

연애(戀愛) : 성적인 매력에 이끌려 서로 좋아하여 사귐.

사모(思慕) : 애틋하게 생각하고 그리워함.

동정(同情) : 남의 어려운 처지를 자기 일처럼 딱하고 가엾게 여김.

다정다감(多情多感) : 정이 많고 감정이 풍부함.

일편단심(一片丹心) : 진심에서 우러나오는 변치 아니하는 마음을 이르는 말.

애지중지(愛之重之) : 매우 사랑하고 소중히 여기는 모양.

㉝ 신뢰(Trust)

신용(信用) : 사람이나 사물이 틀림없다고 믿어 의심하지 아니함. 또는 그런 믿음성의 정도.

정직(正直) : 마음에 거짓이나 꾸밈이 없이 바르고 곧음.

불신(不信) : 믿지 아니함. 또는 믿지 못함.

지속(持續) : 어떤 상태가 오래 계속됨. 또는 어떤 상태를 오래 계속함.

청렴결백(淸廉潔白) : 마음이 맑고 깨끗하며 탐욕이 없음.

붕우유신(朋友有信) : 벗과 벗 사이의 도리는 믿음에 있음.

진실무위(眞實無僞) : 참되어 거짓이 없음.

㉞ 공감(Empathy)

경청(傾聽) : 귀를 기울여 들음.

소통(疏通) : 막히지 아니하고 잘 통함.

교감(交感) : 서로 접촉하여 따라 움직이는 느낌.

존중(尊重) : 높이어 귀중하게 대함.

역지사지(易地思之) : 처지를 바꾸어서 생각하여 봄.

허심탄회(虛心坦懷) : 품은 생각을 터놓고 말할 만큼 아무 거리낌이 없고 솔직함.

이심전심(以心傳心) : 마음과 마음으로 서로 뜻이 통함.

㉟ 약속(Promise)

서약(誓約) : 맹세하고 약속함.

합의(合意) : 서로 의견이 일치함. 또는 그 의견.

보증(保證) : 어떤 사물이나 사람에 대하여 책임지고 틀림이 없음을 증명함.

이행(履行) : 실제로 행함.

언행일치(言行一致) : 말과 행동이 하나로 들어맞음. 또는 말한 대로 실행함.

백년가약(百年佳約) : 젊은 남녀가 부부가 되어 평생을 같이 지낼 것을 굳게 다짐하는 아름다운 언약.

금석맹약(金石盟約) : 쇠나 돌처럼 굳고 변함없는 약속.

㊱ 사회(Society)

자유(自由) : 외부적인 구속이나 무엇에 얽매이지 아니하고 자기 마음대로 할 수 있는 상태.

평등(平等) : 권리, 의무, 자격 등이 차별 없이 고르고 한결같음.

의무(義務) : 사람으로서 마땅히 하여야 할 일. 곧 맡은 직분.

권리(權利) : 어떤 일을 행하거나 타인에 대하여 당연히 요구할 수 있는 힘이나 자격.

세상만사(世上萬事) : 세상에서 일어나는 온갖 일.

내우외환(內憂外患) : 나라 안팎의 여러 가지 어려움.

공평무사(公平無私) : 공평하여 사사로움이 없음.

37 공동체(Community)

공존(共存) : 두 가지 이상의 사물이나 현상이 함께 존재함. 서로 도와서 함께 존재함.

연대(連帶) : 여럿이 함께 무슨 일을 하거나 함께 책임을 짐.

포용(包容) : 남을 너그럽게 감싸 주거나 받아들임.

상생(相生) : 둘 이상이 서로 북돋우며 다 같이 잘 살아감.

애국애족(愛國愛族) : 자기 나라와 자기 민족을 사랑하는 것.

공존공영(共存共榮) : 함께 존재하고 함께 번영함.

동고동락(同苦同樂) : 괴로움도 즐거움도 함께함.

38 자유(Freedom)

자율(自律) : 남의 지배나 구속을 당하지 않고 자기 스스로의 원칙에 따라 어떤 일을 하는 것.

방임(放任) : 돌보거나 간섭하지 않고 제멋대로 내버려 둠.

독립(獨立) : 다른 것에 예속하거나 의존하지 아니하는 상태로 됨.

해방(解放) : 구속이나 억압, 부담 따위에서 벗어나게 함.

자유분방(自由奔放) : 격식이나 관습에 얽매이지 아니하고 행동이 자유로움.

종횡무진(縱橫無盡) : 자유자재로 행동하여 거침이 없는 상태.

자유자재(自由自在) : 자기 마음대로 할 수 있음. 그 정도로 능숙함.

39 협력(Cooperation)

동의(同意) : 같은 뜻. 또는 뜻이 같음. 의사나 의견을 같이함.

화합(和合) : 화목하게 어울림.

단결(團結) : 많은 사람이 마음과 힘을 한데 뭉침.

협동(協同) : 서로 마음과 힘을 하나로 합함.

일심동체(一心同體) : 한마음 한 몸이라는 뜻으로, 서로 굳게 결합함을 이르는 말.

의기투합(意氣投合) : 마음이나 뜻이 서로 맞음.

상부상조(相扶相助) : 서로서로 도움.

㊵ 평화(Peace)

화목(和睦) : 서로 뜻이 맞고 정다움.

평온(平穩) : 조용하고 평안함.

화친(和親) : 서로 의좋게 지내는 정분.

융합(融合) : 다른 종류의 물질이 녹아서 서로 구별이 없게 하나로 합하여지거나 그렇게 만듦.

화기애애(和氣靄靄) : 온화하고 화목한 분위기가 넘쳐흐름.

천하태평(天下泰平) : 정치가 잘되어 온 세상이 평화로움.

불협화음(不協和音) : 어떤 집단 내의 사람들 사이가 원만하지 않음을 비유적으로 이르는 말.

㊶ 지식(Knowledge)

지성(知性) : 지각된 것을 정리하고 통일하여, 이것을 바탕으로 새로운 인식을 낳게 하는 정신 작용. 넓은 뜻으로는 지각이나 직관(直觀), 오성(悟性) 따위의 지적 능력을 통틀어 이름.

인지(認知) : 어떤 사실을 인정하여 앎.

학식(學識) : 배워서 얻은 지식.

사고(思考) : 생각하고 궁리함.

일취월장(日就月將) : 나날이 다달이 자라거나 발전함.

박학다식(博學多識) : 학식이 넓고 아는 것이 많음.

심사숙고(深思熟考) : 깊이 잘 생각함.

㊷ 창의력(Creativity)

영감(靈感) : 창조적인 일의 계기가 되는 기발한 착상이나 자극.

발상(發想) : 어떤 생각을 해냄. 또는 그 생각.

독창(獨創) : 다른 것을 모방함이 없이 새로운 것을 처음으로 만들어 내거나 생각해 냄.

상상(想像) : 실제로 경험하지 않은 현상이나 사물에 대하여 마음속으로 그려 봄.

기상천외(奇想天外) : 착상이나 생각 따위가 쉽게 짐작할 수 없을 정도로 기발하고 엉뚱함.

기기묘묘(奇奇妙妙) : 몹시 기이하고 묘함.

무궁무진(無窮無盡) : 끝이 없고 다함이 없음.

43 문제해결(Problem Solving)

대처(對處) : 어떤 정세나 사건에 대하여 알맞은 조치를 취함.

조절(調節) : 균형이 맞게 바로잡음. 또는 적당하게 맞추어 나감.

결단(決斷) : 결정적인 판단을 하거나 단정을 내림. 또는 그런 판단이나 단정.

통찰(洞察) : 예리한 관찰력으로 사물을 꿰뚫어 봄.

속수무책(束手無策) : 손을 묶은 것처럼 어찌할 도리가 없어 꼼짝 못 함.

임기응변(臨機應變) : 그때그때 처한 사태에 맞추어 즉각 그 자리에서 결정하거나 처리함.

결자해지(結者解之) : 자기가 저지른 일은 자기가 해결하여야 함을 이르는 말.

44 재능(Talent)

발휘(發揮) : 재능, 능력 따위를 떨치어 나타냄.

비상(飛上) : 높이 날아오름.

역량(力量) : 어떤 일을 해내는 힘.

영재(英才) : 뛰어난 재주. 또는 그런 사람.

팔방미인(八方美人) : 여러 방면에 능통한 사람을 비유적으로 이르는 말.

군계일학(群鷄一鶴) : 많은 사람 가운데서 뛰어난 인물을 이르는 말.

능수능란(能手能爛) : 일 따위에 익숙하고 솜씨가 좋음.

45 지혜(Wisdom)

총명(聰明) : 보거나 들은 것을 오래 기억하는 힘이 있음. 썩 영리하고 재주가 있음.

혜안(慧眼) : 사물을 꿰뚫어 보는 안목과 식견.

현명(賢明) : 어질고 슬기로워 사리에 밝음.

통달(通達) : 사물의 이치나 지식, 기술 따위를 훤히 알거나 아주 능란하게 함.

선견지명(先見之明) : 어떤 일이 일어나기 전에 미리 앞을 내다보고 아는 지혜.

고육지책(苦肉之策) : 어려운 상태를 벗어나기 위해 어쩔 수 없이 꾸며 내는 계책을 이름.

지피지기(知彼知己) : 적의 사정과 나의 사정을 자세히 앎.

㊻ 전통(Tradition)

유산(遺産) : 앞 세대가 물려준 사물 또는 문화.

계승(繼承) : 조상의 전통이나 문화유산, 업적 따위를 물려받아 이어 나감.

선조(先祖) : 먼 윗대의 조상.

풍속(風俗) : 옛날부터 그 사회에 전해 오는 생활 전반에 걸친 습관 따위를 이르는 말.

온고지신(溫故知新) : 옛것을 익히고 그것을 미루어서 새것을 앎.

사필귀정(事必歸正) : 모든 일은 반드시 바른길로 돌아감.

수주대토(守株待兔) : 한 가지 일에만 얽매여 발전을 모르는 어리석은 사람을 비유적으로 이르는 말.

㊼ 이야기(Story)

고전(古典) : 오랫동안 많은 사람에게 널리 읽히고 모범이 될 만한 문학이나 예술 작품.

전설(傳說) : 옛날부터 민간에서 전하여 내려오는 이야기.

우화(寓話) : 인격화한 동식물이나 기타 사물을 주인공으로 하여 그들의 행동 속에 풍자와 교훈의 뜻을 나타내는 이야기.

서사(敍事) : 사실을 있는 그대로 적음.

인과응보(因果應報) : 전생에 지은 선악에 따라 현재의 행과 불행이 있고, 현세에서의 선악의 결과에 따라 내세에서 행과 불행이 있는 일.

우공이산(愚公移山) : 어떤 일이든 끊임없이 노력하면 반드시 이루어짐을 이르는 말.

새옹지마(塞翁之馬) : 인생의 길흉화복은 변화가 많아서 예측하기가 어렵다는 말.

㊽ 속담(Proverb)

격언(格言) : 오랜 역사적 생활 체험을 통하여 이루어진 인생에 대한 교훈이나 경계 따위를 간결하게 표현한 짧은 글.

명언(名言) : 널리 알려진 말.

교훈(敎訓) : 앞으로의 행동이나 생활에 지침이 될 만한 것을 가르침.

지혜(智慧) : 사물의 이치를 빨리 깨닫고 사물을 정확하게 처리하는 정신적 능력.

청천벽력(靑天霹靂) : 뜻밖에 일어난 큰 변고나 사건을 비유적으로 이르는 말.

적반하장(賊反荷杖) : 잘못한 사람이 아무 잘못도 없는 사람을 나무람을 이르는 말.

아전인수(我田引水) : 자기에게만 이롭게 되도록 생각하거나 행동함을 이르는 말.

49 책(Book)

서적(書籍) : 일정한 목적, 내용, 체재에 맞추어 사상, 감정, 지식 따위를 글이나 그림으로 표현하여 적거나 인쇄하여 묶어 놓은 것.

독서(讀書) : 책을 읽음.

필사(筆寫) : 베끼어 씀.

편집(編輯) : 일정한 방침 아래 여러 가지 재료를 모아 신문, 잡지, 책 따위를 만드는 일. 또는 영화 필름이나 녹음 테이프, 문서 따위를 하나의 작품으로 완성하는 일.

주경야독(晝耕夜讀) : 어려운 여건 속에서도 꿋꿋이 공부함을 이르는 말.

독서삼매(讀書三昧) : 다른 생각은 전혀 아니 하고 오직 책 읽기에만 골몰하는 경지.

우각괘서(牛角掛書) : 쇠뿔에 책을 건다는 뜻으로, 열심히 공부함을 이르는 말.

50 꿈(Dream)

환상(幻想) : 현실적인 기초나 가능성이 없는 헛된 생각이나 공상.

상징(象徵) : 추상적인 개념이나 사물을 구체적인 사물로 나타냄.

소망(所望) : 어떤 일을 바람. 또는 그 바라는 것.

악몽(惡夢) : 불길하고 무서운 꿈.

동상이몽(同床異夢) : 겉으로는 같이 행동하면서도 속으로는 각각 딴생각을 하고 있음을 이르는 말.

일장춘몽(一場春夢) : 한바탕의 봄꿈이라는 뜻으로, 헛된 영화나 덧없는 일을 비유적으로 이르는 말.

비몽사몽(非夢似夢) : 완전히 잠이 들지도 잠에서 깨어나지도 않은 어렴풋한 상태.

51 식습관(Diet)

편식(偏食) : 어떤 특정한 음식만을 가려서 즐겨 먹음.

공복(空腹) : 배 속이 비어 있는 상태. 또는 그 배 속.

포만(飽滿) : 넘치도록 가득함.

구미(口味) : 음식을 먹을 때 입에서 느끼는 맛에 대한 감각.

자린고비(玼吝考妣) : 몹시 인색한 사람을 이르는 말.

삼순구식(三旬九食) : 삼십 일 동안 아홉 끼니밖에 먹지 못한다는 뜻으로, 몹시 가난함을 이르는 말.

식불이미(食不二味) : 음식을 잘 차려 먹지 아니함.

🔢52 정신 건강(Mental Health)

불안(不安) : 마음이 편하지 아니하고 조마조마함.

심리(心理) : 마음의 작용과 의식의 상태.

명상(冥想) : 고요히 눈을 감고 깊이 생각함. 또는 그런 생각.

정신(精神) : 육체나 물질에 대립되는 영혼이나 마음.

수신제가(修身齊家) : 몸과 마음을 닦아 수양하고 집안을 다스림.

안심입명(安心立命) : 삶과 죽음을 초월함으로써 마음의 편안함을 얻는 것을 이르는 말.

의기소침(意氣銷沈) : 기운이 없어지고 풀이 죽음.

🔢53 휴식(Rest)

한가(閑暇) : 겨를이 생겨 여유가 있음.

안식(安息) : 편히 쉼.

휴양(休養) : 편안히 쉬면서 몸과 마음을 보양함.

치유(治癒) : 치료하여 병을 낫게 함.

안온무사(安穩無事) : 조용하고 편안하게 아무 일 없이 지냄.

고침안면(高枕安眠) : 베개를 높이 하여 편안히 잔다는 뜻으로, 근심 없이 편안히 지냄을 이르는 말.

여유만만(餘裕滿滿) : 사람의 성품이나 언행이 아주 침착하고 느긋함.

🔢54 병(Illness)

예방(豫防) : 질병이나 재해 따위가 일어나기 전에 미리 대처하여 막는 일.

진단(診斷) : 의사가 환자의 병 상태를 판단하는 일.

전염(傳染) : 병이 남에게 옮음.

질환(疾患) : 몸의 온갖 병.

생로병사(生老病死) : 사람이 나고 늙고 병들고 죽는 네 가지 고통.

무병장수(無病長壽) : 병 없이 건강하게 오래 삶.

동병상련(同病相憐) : 어려운 처지에 있는 사람끼리 서로 가엾게 여김을 이르는 말.

55 치료(Treatment)

완치(完治) : 병을 완전히 낫게 함.

회복(回復) : 원래의 상태로 돌이키거나 원래의 상태를 되찾음.

투약(投藥) : 약을 지어 주거나 씀.

재활(再活) : 치료를 받거나 훈련하여 일상생활이나 사회적 활동을 함.

백약무효(百藥無效) : 온갖 약을 다 써도 효험이 없음을 이르는 말.

만병통치(萬病通治) : 어떤 한 가지 대책이 여러 가지 경우에 두루 효력을 나타냄을 비유적으로 이르는 말.

양약고구(良藥苦口) : 좋은 약은 입에 쓰다는 뜻으로, 충언은 귀에 거슬리나 자신에게 이로움을 이르는 말.

---

56 그림(Painting)

묘사(描寫) : 어떤 대상이나 사물, 현상 따위를 언어로 서술하거나 그림을 그려서 표현함.

감상(鑑賞) : 주로 예술 작품을 이해하여 즐기고 평가함.

초안(草案) : 초를 잡아 적음. 또는 그런 글발. 애벌로 안(案)을 잡음. 또는 그 안.

채색(彩色) : 그림 따위에 색을 칠함.

화중지병(畫中之餅) : 그림의 떡. 보기만 했지 실제(實際)로 얻을 수 없음.

기운생동(氣韻生動) : 기품이 넘쳐, 뛰어난 예술품을 이르는 말.

화사첨족(畫蛇添足) : 쓸데없는 군짓을 하여 도리어 잘못되게 함을 이르는 말.

---

57 사진(Photography)

현상(現像) : 인간이 지각할 수 있는, 사물의 모양과 상태.

촬영(撮影) : 사람, 사물, 풍경 따위를 사진이나 영화로 찍음.

인물(人物) : 생김새나 됨됨이로 본 사람.

풍경(風景) : 산이나 들, 강, 바다 따위의 자연이나 지역의 모습.

영원불멸(永遠不滅) : 영원히 없어지지 아니하고 계속됨.

순진무구(純眞無垢) : 티 없이 순진함. 마음과 몸이 아주 깨끗하여 조금도 더러운 때가 없음.

형영상동(形影相同) : 마음먹은 바가 그대로 행동으로 나타남을 이르는 말.

58 공연(Performance)

무대(舞臺) : 노래, 춤, 연극 따위를 하기 위하여 객석 정면에 만들어 놓은 단.

배우(俳優) : 연극이나 영화 따위에 등장하는 인물로 분장하여 연기를 하는 사람.

연극(演劇) : 배우가 각본에 따라 어떤 사건이나 인물을 말과 동작으로 관객에게 보여 주는 무대 예술.

관객(觀客) : 운동 경기, 공연, 영화 따위를 보거나 듣는 사람.

명불허전(名不虛傳) : 명성이나 명예가 헛되이 퍼진 것이 아니라는 뜻으로, 이름날 만한 까닭이 있음을 이르는 말.

유종지미(有終之美) : 한번 시작한 일을 끝까지 잘하여 끝맺음이 좋음.

만장일치(滿場一致) : 모든 사람의 의견이 같음.

59 조각(Sculpture)

각인(刻印) : 도장을 새김. 또는 그 도장.

형상(形象) : 사물의 생긴 모양이나 상태.

석조(石彫) : 돌에 조각함. 또는 그런 물건.

파편(破片) : 깨어지거나 부서진 조각.

각주구검(刻舟求劍) : 융통성 없이 현실에 맞지 않는 낡은 생각을 고집하는 어리석음을 이르는 말.

각골난망(刻骨難忘) : 남에게 입은 은혜가 뼈에 새길 만큼 커서 잊지 아니함.

일편단심(一片丹心) : 한 조각의 붉은 마음이라는 뜻으로, 진심에서 우러나오는 변치 아니하는 마음을 이르는 말.

60 음악(Music)

화음(和音) : 높이가 다른 둘 이상의 음이 함께 울릴 때 어울리는 소리.

합창(合唱) : 여러 사람이 목소리를 맞추어서 노래를 부름. 또는 그 노래.

연주(演奏) : 악기를 다루어 곡을 표현하거나 들려주는 일.

선율(旋律) : 소리의 높낮이가 길이나 리듬과 어울려 나타나는 음의 흐름.

고성방가(高聲放歌) : 술에 취하여 거리에서 큰 소리를 지르거나 노래를 부르는 짓.

격양지가(擊壤之歌) : 땅을 두드리며 부르는 노래라는 뜻으로, 매우 살기 좋은 시절(時節)을 말함.

치세지음(治世之音) : 세상을 다스리는 음악이라는 뜻으로, 곡조가 조용하고 느린 노래를 이르는 말.

한자와 영어 어휘를 동시에 익히는

문해력 쑥쑥 [어휘편] ❷

초판 1쇄 발행 2025년 01월 24일
지은이 신영환, 정고을
발행인 최영민
발행처 피앤피북
인쇄제작 미래피앤피
주소 경기도 파주시 신촌로 16
전화 031-8071-0088
팩스 031-942-8688
전자우편 hermonh@naver.com
출판등록 2015년 3월 27일
등록번호 제406-2015-31호

ISBN 979-11-94085-32-4 (73700)